김네몽'S 신앙일기

ⓒ 김네몽, 2012

본서에 대한 출판 및 판매 등의 모든 권한은 저자와 독점 계약한 〈터치북스〉에 있습니다.
출판사의 서면 허락 없이는 이 책의 내용을 일부라도 인용, 촬영, 녹음, 재편집하거나
전자문서 등으로 변환할 수 없습니다.

이 책은 한글성경 번역본으로 〈새번역성경〉을 사용했습니다.

하나님의 두근두근 러브레터

김네몽's 신앙일기

글·그림 김네몽

c o n t e n t s

Part. 1 HEART _12

마음을 열고 귀를 기울여 보세요.
똑똑똑.
하나님의 노크소리가 들릴거에요.

Part. 2 HOPE _100

우리 마음에 희망을 안겨 주는 소리.
똑똑똑.
사랑을 표현해 주는 하나님의 마음

Part. 3 HUG _224

언제나 나를 안아주시는 하나님이 부르세요.
똑똑똑.
내 마음을 두드리는 소리에 귀를 쫑긋 세워보세요.

나는 모태신앙이었어.

엄마 뱃속에 있을 때부터 엄마가 신앙을 가진 경우.

교회도 어릴 적부터 엄마를 따라서 열심히 다녔지.

주기도문 외우면 선물!!

주일학교 선생님.

하늘에 계신 우리 아버지여, 이름이 거룩히 여김을 받으시오며…

선물을 내놓아라

그 후, 습관처럼 교회를 다니며,

일요일은, 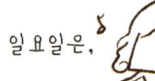 교회 가는 날.

예수님을 믿는다고 하긴 했지만

예수 믿으세요~

저 교회 다녀요.

김네몽's 신앙일기

진정한 의미에서의 예수님을 몰랐어.

난 대통령을 알지만 실제론
모르는 사이인 것처럼, 그렇게 하나님도 몰랐지.

나는,
겉으로는 별 문제 없는 것처럼 보였지만

초등학생 땐 친구들을 주도해
맘에 안 드는 아이를 따돌리던 애였고,

중학생 땐 사춘기와 겹쳐
지독한 우울함에 젖어 있던 아이였어.

우울해... 사는 게 재미 없다...

고등학생 땐 아무도 믿을 수 없다며
항상 마음에 벽을 치고 지냈고

심지어
엄마, 아빠도
친한 친구
까지도

믿을 수
없다고
생각했음.

늘 열등감에 시달리며 자신을 비하했었지.

내가
뭘 하겠어...

나보다
잘난 애들이
차고 넘치는데...

나는 그런 아이였어.

...돌아보니 가관이네.  헐...

 8 김네몽's 신앙일기

그러던 중, 좋아하던 아이한테 거절당하고

마음이 무너져 너무 힘들었던 대학 시절 초기.

아무 것도
하고 싶지
않아.

난 이렇게도
힘든데
세상은 잘만
돌아가네…

뭐라도 붙들어야 했던 나는 지푸라기라도 잡는 심정으로
끊었던(?) 교회에 다시 발을 들였고,

엉엉엉…

그 후 제대로 예수님을 만나게 됐어.

그리고 나는 변했지.

샤방샤방

지금은 아무도 내가
어둡고 비관적인 사람이었다는 걸
믿지 않아.

니가
그랬다고?
뻥치시네.

진짠디.

어떤 사람들은 기독교를
단순히 마음의 위로를 얻기 위한 종교의 하나로밖에 여기지 않지만,
하나님은 내가 필요할 때만 찾아도 되는 램프의 요정이 아니야.

또는 내 삶이 고난이나 역경 없이 순탄하다 해서
내 인생에는 필요가 없는 그런 분이 아니야.

**하나님은 나와 너, 온 세상을 만드신 창조주이시고
하나뿐인 아들을 보내 세상을 구원하신 구원자셔.**

김네몽's 신앙일기

내 안의 어둠을 몰아내주신 하나님을,

내 안에 아름다운 천국을 심어 주신 하나님을,

그리고 당신을 진심으로 사랑하시는
참 좋은 하나님을 부족하나마 소개하려 해.

그러니 마음을 열고 이 이야기를 보아주세요.

Fin.

Part. 1
HEART

하나님이랑 핫초코 한 잔?

Be joyful always!

아무리 바빠도 차 한 잔 마실 정도의 시간은 하나님께 드리기.

언젠가 이런 질문을 받은 적이 있어.

나를 가장 잘 표현할 수 있는 단어는 무엇인가요?

박카스? 난 사람들의 피로회복제지.

무지개? 총 천연색 매력 덩어리.

청포도? 풋풋하고 상큼한 나.

여러가지 단어를 생각해 보다가,

결국엔 내 이름 석자로 대답했던 기억이 있는데,

그렇게 '나'에 대해 고찰해가다 보니

한가지 질문에 도달하더라.

말 그대로, 나는 누군지.
내가 어떻게 존재하고 있고, 무엇을 위해 존재하는지.

지금부터 제가 하려는 이야기는
이 '나는 누구인가?' 라는 질문에서부터 시작합니다.

모든 물건들은,

'만든 사람'이 존재해.

제가 이 드레스를 만들었죠!

빵을 예로 들어 보자.

내가 좋아하는 빵!!

빵은 저절로 생겨나는 게 아니라
빵을 만든 제빵사로 인해 만들어지는 거지.

이것이 바로　　　　전설의 몽빵!!

제빵왕 김타몽

근데 그 빵을 온전히 제빵사가
다 만들었다고 할 수 있을까?

엥?　　건 또 뭔 소리여.

빵을 만들기 위해서는

밀가루, 이스트, 소금, 버터, 물 등
각종 재료가 필요해.

밀가루도, 그 밀가루를 만든 사람이 있겠지?

내가 빻아
만들었죠!

밀몽

그럼 밀가루의 원료인 밀은?

내가 재배했죠. 최고급 밀!

농부 몽

그 밀은 어떻게 컸을까?

에… 거야 뭐 물 주고 비료 주고… 햇빛 받고…

흙은? 물은? 햇빛은?

음…?

그렇게 끊임없이 거슬러 올라가다 보면
결국 이 세상의 모든 것들은 다 누군가에 의해 만들어진 거야.

물, 흙, 공기, 우주, 이 세상에 있는 모든 것들이 다
누군가에 의해 만들어진 거라구.

그럼 모든 것의 시작인
태초의 그 누군가가 분명 있을 텐데

그게 누굴까?

나, 나!

헤헤

바로 하나님이셔.

나보다 먼저 지음을 받은 신이 있을 수 없고, 나 이후에도 있을 수 없다.
이사야 43장 10절

만들어지지 않으면 존재할 수 없는 것들과 달리
하나님은 스스로 존재하시는 분이지.

> 하나님이 모세에게 이르시되 나는 스스로 있는 자이니라.
> 출애굽기 3장 14절

그 하나님이 사람을 만드셨고,

바로 너를 만드신 거야.

무언가를 만들 땐,

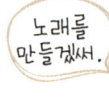
노래를 만들겠써.

쿠키를 구울 거야.

항상 어떤 목적을 가지고 만들지.

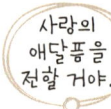
사랑의 애달픔을 전할 거야.

남친한테 선물해야지.

그리고 내가 만들어 낸 것들은
애착이 생길 수밖에 없어.

내 자식같은 노래에요.

내가 직접 구운 쿠키야.

김네몽's 신앙일기

하나님이 나를 만드셨지.

그리고 나를 지은 목적이 있으시고.

무엇보다 나를 정말 정말 사랑해.

마찬가지로, 하나님이 너를 만드셨지.

그리고 너를 위한 계획을 가지고 계셔.

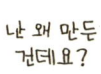  

무엇보다 너를 정말 정말 사랑해.

> 높음도, 깊음도, 그 밖에 어떤 피조물도,
> 우리를 우리 주 예수 그리스도 안에 있는 하나님의 사랑에서 끊을 수 없습니다.
> 로마서 8장 39절

'나'를 본딴 무언가는 내게 참 특별한 의미가 생기지.

하나님이 세상을 만드시고,

여러 생물들을 만드셨지만

다른 창조물과 다르게 인간은 특별해.

사람은 하나님 형상대로 만들어졌거든.

자신을 닮은 아이의 모습을 보는 부모가

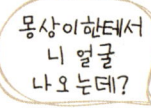

묘한 기분에 휩싸이고,

혈육의 의미를 실감하며
더 특별한 애착이 생기게 되는 것처럼,

우리는 그렇게 하나님과 '닮게' 지어졌다구.

하나님이 당신의 형상대로 사람을 창조하셨으니,
곧 하나님의 형상대로 사람을 창조하셨다.
창세기 1장 27절

Fin.

하나님은 사람을 왜 만드신 걸까?

그러게.

나 사람 왜 만들었게?

사실 하나님은 그 자체로 완벽하고 충만하신 존재이기 때문에
그 어떤 결핍도 없으시고 필요도 없으셨어.

전 우주에 하나님 혼자 있을라니 외로우셔서 그러신 거 아님?

난 외로움 그런 거 없다.

> 산들이 생기기 전에, 땅과 세계가 생기기 전에,
> 영원부터 영원까지, 주님은 하나님이십니다.
> 시편 90편 2절

냉정히 말하자면
하나님에겐 피조물이 필요가 없으셨지.

그... 그럼 난 필요도 없는데

왜 만든 거예요...

울먹

애완동물을 키우는 걸 예로 들어볼까?
애완용 강아지가 절대적으로 필요하기 때문에
키우는 사람은 아마 없을 거야.

대부분 애완동물은 주인의 선택에 의해 길러지지.

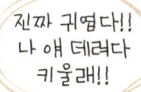  

안 길러도 그만인 생물을 내 즐거움으로 삼고,
사비를 털어 먹이고 재우고 돌봐 주는 거야.

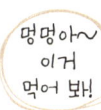  

강아지의 입장에서는, 날 길러 주지 않아도 그만인 존재가
나를 선택해 기쁨으로 여겨 주고 성심성의껏 돌봐 주니
이게 대체 웬 은혜냐구.

아이고
등 따셔!

개 팔자가 상팔자

사람도 마찬가지야.
하나님에겐 사람이 꼭 있어야 할 필요가 없었어.
하지만 하나님이 사람을 만드시기로 작정하셨고
우리를 하나님의 기쁨으로 여겨 주신 거야.

특별히
날 닮게
만들어야지!!

아 정말정말
좋다!!!!

> 너를 보고서 기뻐하고 반기시고, 너를 사랑으로 새롭게 해주시고
> 너를 보고서 노래하며 기뻐하실 것이다.
> 스바냐 3장 17절

온 세상을 다 만드신 울트라짱캡쑝 능력 대왕마마에게
감히 내가 기쁨이 된대!
그 대단하신 분이 내가 정말로 좋대!!

이게 정말 웬 떡이니!!

느껴져? 내 흥분과 감격이?!

Fin.

예술품을 만드는 작가는 작품 안에 자신의 의도를 넣지.
작가를 드러내기 위한 거야.

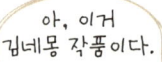

하나님도 우리 사람을 만드실 때
사람을 통해 하나님의 영광이 드러나도록 지으셨어.

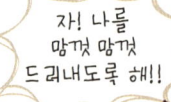

그리고 이 세상 모든 것들을 다스리도록 하셨지.

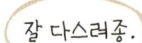

> 하나님이 그들에게 복을 베푸셨다. 하나님이 그들에게 말씀하시기를
> "생육하고 번성하여 땅에 충만하여라. 땅을 정복하여라. 바다의 고기와
> 공중의 새와 땅 위에서 움직이는 모든 생물을 다스려라" 하셨다.
> 창세기 1장 28절

그렇게 사람은 아무 걱정도 근심도 없는 낙원에서
늘 하나님을 찬양하며 천국의 삶을 누리도록 만들어진 거야.

하지만 그게 사람을 세상의 주인 삼으셨다는 뜻은 아냐.
주인은 여전히 하나님이시고
사람은 세상을 하나님 뜻대로 관리할 뿐인 거지.

그리고 하나님은 사람과 약속을 하는데,

> 주 하나님이 사람에게 명하셨다.
> "동산에 있는 모든 나무의 열매는, 네가 먹고 싶은대로 먹어라.
> 그러나 선과 악을 알게 하는 나무의 열매만은 먹어서는 안 된다.
> 그것을 먹는 날에는, 너는 반드시 죽는다."
> 창세기 2장 16-17절

그 약속은 사실,
어려운 약속은 아니었을 거라고 생각해.

디저트 뷔페의 수십 종의 빵, 과자, 간식들 중

한 가지만 안 먹겠다고 약속하면,

그것만 뺀 모든 음식을
맘대로 먹을 수 있는 거잖아.

와구와구

그게 지키지 못할 만큼 힘든 약속은 아니었겠지.

헌데 사람은 유혹당했고,

그 유혹에 넘어갔어.

> 뱀이 여자에게 물었다. "하나님이 정말로 너희에게, 동산 안에 있는 모든 나무의 열매를 먹지 말라고 말씀하셨느냐?"
> 창세기 3장 1절

스스로가 하나님이 되려고 한 것과
불순종이 죄가 되어 하나님과의 관계가 깨졌고,

창조주에게 의지하며 평화롭게 살 수 있었던 인생은
근심과 걱정의 쓰나미가 몰려오는 힘든 삶으로 바뀌었지.

Fin.

 42　김네몽's 신앙일기

시간을 되돌릴 수 있다면
다시 예전으로 돌아가고 싶은 마음뿐이야~♪

BGM 빅마마 '체념' 中

이깟
과일 나부랭이
왜 먹은겨...

맛도
없구만(?!)

> 그래서 주 하나님은 그를 에덴 동산에서 내쫓으시고,
> 그가 흙에서 나왔으므로, 흙을 갈게 하셨다.
> 그를 쫓아내신 다음에, 에덴 동산의 동쪽에 그룹들을 세우시고,
> 빙빙 도는 불칼을 두셔서, 생명나무에 이르는 길을 지키게 하셨다.
> 창세기 3장 23-24절

죄의 기준

죄라는 게 뭘까?

나쁜 짓?

우리가 보통 말하는 죄는 비도덕적인 행동을 말하지.

아 진짜 나쁜 놈!

또 그 시대의 가치관에 따라 기준이 조금씩 변하기도 해.

예전엔 참고 사는 게 맞다고 생각했지만,

요즘은 우리나라 이혼율이 세계 2위라지…?

하나님이 말씀하시는 죄는
하나님이 원하시지 않는 것.

즉, 불순종이야.

> 하나님은 반석, 하시는 일마다 완전하고, 그의 모든 길은 올곧다.
> 그는 거짓이 없고, 진실하신 하나님이시다. 의로우시고 곧기만 하시다.
> 신명기 32장 4절

그렇기에 하나님이 가장 싫어하시고 슬퍼하시는 죄는
하나님을 받아들이지 않는 거야.

부모에게 불효하는 것을 예로 들면 이해가 쉬울까?

엄마몽   김몽상

말 안듣고 제멋대로 하는 것도 불효겠지만,

공부 좀 해!
밥 좀 먹어!
말 좀 들어!

아 내버려둬!!

부모를 부모로 인정하지 않는 것이
가장 큰 불효겠지.

내가 왜 당신을
엄마라고 불러야 돼?

두둥!!!

널 낳은 나를
부정하는 거냐!

최초의 사람인 아담은
하나님의 다스림에서 벗어나 죄인이 되었는데,

그 죄성은 오늘날까지도 인간에게
그대로 남아 지워지지 않고 있어.

실로, 나는 죄 중에 태어났고,
어머니의 태 속에 있을 때부터 죄인이었습니다.
시편 51편 5절

하나님을 아는 사람도 모르는 사람도, 믿는 사람도 안 믿는 사람도,
모든 사람은 하나님이 원하시는 대로 살려고 하기보다
내 뜻대로 살고자 하는 본성이 더 강해.

그리고 바로 그런 걸 우리의 죄성이라고 하지.   Fin.

자식이 못살기를 바라는 부모는 없겠지.

너 잘 되는 게, 최고 효도여.

하나님도 마찬가지, 우리가 항상 행복하게 잘 살길 바라셔.

너 잘 살라고, 내가 이거 다 만든 거잖아.

근데 왜 우린 늘 힘들게 살고 있는 걸까?

?! 아, 참 세상 살기 팍팍허네.

사람은 본래 하나님의 다스림을 받아
하나님과 친하게 지내도록 지어졌어.

그런데 사람이 하나님의 다스림을 거부하고
자기 맘대로 살려고 한 거야.

> 사람들이 하나님을 인정하기를 싫어하므로…
> 로마서 1장 28절

그래서 하나님과 멀어지게 됐지.

그건 마치,

못 하는 게 없는 대재벌 아빠가 있는데,

자기 힘으로 살아 보겠답시고
아빠를 떠나 집을 뛰쳐 나온 딸래미 같은 꼴인 거지.

그러니 그 때부터 쌓이는 근심 걱정.

아빠 떠나니 개털

이게 우리가 지금 세상에서 힘들게 사는 이유야.

하나님은 충만하고 완전하며 풍요로우신 존재야.
그렇기에 하나님의 다스림 아래 날 맡기면
하나님의 계획에 따라 나도 충만한 삶을 누릴 수 있었어.

> 만물이 그에게서 나고, 그로 말미암아 있고, 그를 위하여 있습니다.
> 그에게 영광이 세세에 있기를 빕니다.
> 로마서 11장 36절

헌데 하나님의 그 통치를 거부하고 말았으니,
사람은 스스로가 가진 것들로 인생을 채워야 했는데
그건 한계가 있을 수 밖에 없지.
그러니 당연히 근심 걱정이 쌓이는 거야.

내 인생 이렇게 한번 살아 볼까!

아 근데 이건 리스크가 큰데,

그럼 저쪽으로? 하지만 저쪽도 실패 안 한다는 보장이 없잖아?!

으!! 나는 인생을 어떻게 꾸려 가야 할 것인가!!!

하나님께 돌아가야 해.

어떻게 가요?

훌쩍

Fin.

죄인이 되어 하나님과 멀어져
하나님의 축복을 누리지 못하고 있는 사람.

죄투성이

키우던 강아지가 날 몰라 봐도
무지 섭섭한 게 주인 마음인데,

캥캥캥캥!!!

야! 내가 니 주인이야!

가장 특별하게 만든 작품이
원래 모습을 잃고 나와 멀어지게 됐다면

랄라

훌쩍

이젠 날 아예 모르네…

얼마나 맘이 아플까.

너무 변해 버려 엄마조차 몰라 보는 자식을 보는
그런 부모 심경보다 더하겠지…

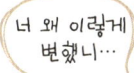

그런 사람을 그대로 두기엔, 하나님의 사랑이 너무 컸어.

그러나 하나님은 자비가 넘치는 분이셔서,
우리를 사랑하신 그 크신 사랑으로 말미암아…
에베소서 2장 4절

하지만 하나님은 사람을 사랑하시는 만큼
죄를 굉장히 미워하시는 분.

사람은 사랑해.

하지만 죄는 밉다.

따라서 우리에게 죄의 대가를 치르게 하셨지.

하자 없는 어린양을 제물로 바치기.

원래는 죄의 대가로 내가 이렇게 죽어야 했다, 라는 의미.

근데 사람이 하는 대가 지불은 해도해도 끝이 없었어.

아아아아

벗어날 수 없는 죄의 굴레.

그래서 하나님은 한 가지 큰 결심을 하시지.

한방에

끝내버려야겠다.

Fin.

죄의 대가로
사형을 선고받은 김네몽.

근데 산상님이 와서

대신 딸 몽상이를 넘겨주고 김네몽을 빼냈어.

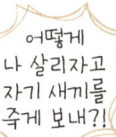  

이것은 흡사 말도 안되는 막장 드라마의 한 장면.
주연 : 김네몽, 산상, 김몽상.

실제로도 사랑하는 누군가의 죄 값을 대신 치러 주기 위해
(마찬가지로 사랑하는) 자기 자식을 내놓을 부모는 세상에 없을 거야.

그런데 그 진짜 막장 부모가 요기 있네….

하나님의 결심은 이거였어.

내 아들을  인간 세상에 보내야겠다…!

죄 값을 치르기 위해 수없이 바쳐졌고 수없이 바쳐질 제물들…
그 제물을 아들로 대신해
속죄를 완전히 끝내실 계획이셨던 거야.

"한큐에 부탁해."  "저도 아빠 뜻에 동의해요."

그것은, 내가 뜻을 행하려고 하늘에서 내려온 것이 아니라,
나를 보내신 분의 뜻을 행하려고 왔기 때문이다.
요한복음 6장 38절

그렇게 하나님 아들 예수님은
인간의 몸으로 인간 세상에 오시는데,

"I'm 예수. 나도 사람." 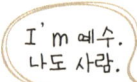   "오?"

보통 사람처럼 정자와 난자로 수정된 게 아니라
처녀의 몸에 성령으로 잉태되셨어.

쉽게 말해 남자와 아무 일도 없었던 여자가
혼자 임신을 했다는 소린데, 상식적으로는 불가능한 일이지.

이건 예수님이 우리 같은 아담의 후손인 죄인이 아니라
죄 없고 흠도 없는,
그야말로 완전한 사람으로 오셨다는 걸 의미해.

왜냐면, 앞서 말했듯이 죄를 대신할 제물은
흠이 없는 완전한 것이어야 했거든.

그는 죄를 지으신 일이 없고 그의 입에서는 아무런 거짓도 찾아볼 수 없었습니다.
베드로전서 2장 22절

예수님은 그렇게 이 땅에 계시는 동안 우리에게
하나님나라를 알리시다가,

하나님이 아들을 보내신 것은 세상을 심판하려 하심이 아니야.

믿는 자마다 영생을 얻게 하기 위함이야.

때가 되어 세상 모든 사람의 죄 값을 짊어지신 채
십자가에서 죽으셨지.

죽어야 할 우리 대신 말야···.

> 그는 우리 죄를 자기의 몸에 몸소 지시고서, 나무에 달리셨습니다.
> 그것은, 우리가 죄에는 죽고 의에는 살게 하시려는 것이었습니다.
> 그가 매를 맞아 상함으로 여러분이 나음을 얻었습니다.
> 베드로전서 2장 24절

김네몽's 신앙일기

그 당시 십자가 형벌이란
가장 끔찍하고 고통스러운, 수치스런 형벌이었어.

많은 사람들 앞에서 벌거벗겨졌고,

못이 박힌 손에는 체중이 실려 통증이 멎지 않고,

계속 밑으로 처지는 몸통으로는 숨쉬기조차 힘들었으며,

등은 거친 십자가에 쓸려 만신창이.

그 상태로 죽음을 기다려야 하는 고통.

그는 하나님의 모습을 지니셨으나, 하나님과 동등함을 당연하게 생각하지 않으시고,
오히려 자기를 비워서 종의 모습을 취하시고, 사람과 같이 되셨습니다.
그는 사람의 모양으로 나타나셔서, 자기를 낮추시고,
죽기까지 순종하셨으니, 곧 십자가에서 죽기까지 하셨습니다.
빌립보서 2장 6-8절

누가 내 대신 비난을 받거나 매질을 당해도
미안하고 죄스러워서 어쩔 줄 모르는 게 사람 마음인데,

아, 어떡해…

나를 위해 그렇게 죽으신 존재가 있다는 건
얼마나 놀랍고 감사한 일인지….

그만큼 하나님은 사람을 사랑하신 거야.
사랑하는 아들로 우리 죄 값을 치르게 하셨을 만큼.

게다가 이 놀라운 이야기는 여기서 끝이 아니라구.

하나님께서 이미 맺으신 언약을,
사백삼십 년 뒤에 생긴 율법이 이를 무효로 하여 그 약속을 폐하지 못합니다.
갈라디아서 3장 17절

Fin.

십자가 보혈의 피.

To be continue…

> 하나님이 세상을 이처럼 사랑하셔서 외아들을 주셨으니,
> 이는 그를 믿는 사람마다 멸망하지 않고 영생을 얻게 하려는 것이다.
> 요한복음 3장 16절

십자가에서 죽으시고
무덤에 장사지내진 예수님.

근데 예수님은 3일 후에 다시 살아나셨어!

예수께서 이레의 첫날 새벽에 살아나신 뒤에…
마가복음 16장 9절

귀신으로 나타나셨다거나 한 게 아니라
그 몸 그대로 다시 살아나셨어.

내 손과 내 발을 보아라. 바로 나다. 나를 만져 보아라.
유령은 살과 뼈가 없지만, 너희가 보다시피, 나는 살과 뼈가 있다.
누가복음 24장 39절

사람이라면 누구나 피해갈 수 없는
죽음을 이기신 거야!!

예수님의 부활은 하나님이 사람에게
내가 널 사망에서 건져내겠다고 주시는
놀라운 메시지인 거지.

이것이 복된 소식, 복음. 바로 Good news 입니다.

아, 나는 비참한 사람입니다. 누가 이 죽음의 몸에서 나를 건져주겠습니까?
우리 주 예수 그리스도를 통하여 나를 건져 주신 하나님께 감사를 드립니다.
로마서 7장 24-25절

Fin.

어허어엉
엉엉…

울지마 울지마.
내가 씻어주잖아.

찰박찰박.

온 세상에 퍼진 몹쓸 불치병.

그런데 어떤 명의가 약을 개발해낸 거야.

그래서 모든 사람에게 그 약이 지급되었지.

약의 성능은 모두에게 평등해.
착한 사람, 나쁜 사람, 부자, 가난한 사람 할 것 없이
이 약만 먹으면 병은 나아.

> 그런데 하나님의 의는 예수 그리스도를 믿는 믿음을 통하여 오는 것인데, 모든 믿는 사람에게 미칩니다. 거기에는 아무 차별이 없습니다.
>
> 로마서 3장 22절

하지만 약이 개발됐다는
그 사실만 가지고는 내 병을 고칠 수 없잖아.

약의 성능을 믿고 복용해야 약효가 내게 작용하는 거야.

> 하나님께서는 이 예수를 속죄제물로 내주셨습니다.
> 그것은 그의 피를 믿을 때에 유효합니다.
>
> 로마서 3장 25절

복음도 마찬가지야.
사람은 죄 때문에 하나님 가까이 갈 수 없었는데,

모든 사람이 죄를 범하였습니다.
그래서 사람은 하나님의 영광에 못 미치는 처지에 놓여 있습니다.
로마서 3장 23절

예수님이 우리의 죄 문제를 해결해 주셨지.

그래서 우린 예수님을 다리 삼아
하나님께 다시 가까이 갈 수 있게 됐어.

범죄로 죽은 우리를 그리스도와 함께 살려 주셨습니다.
여러분은 은혜로 구원을 얻었습니다.
에베소서 2장 5절

예수님이 내 죄 대신 죽으셨고 다시 사셨다는 걸
받아들이고 믿으면
누구나 하나님께 다시 갈 수 있는 거야.

닐리리야!

그것은 그를 믿는 사람마다 영생을 얻게 하려는 것이다.
요한복음 3장 15절

Fin.

비행기가 한 대 있어.

근데 갑자기 조종사가 죽어버린 거야!

큰일 난 거지. 기장 한 사람의 사고로 인해
비행기 안의 온 승객이 죽을 위기에 처한 거잖아.

비행기가 계속 추락하고 있을 그 때,

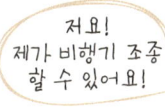
저요! 제가 비행기 조종 할 수 있어요!

김네몽은 죽어 버린 기장 대신 운전석에 올라 비행기를 조종했고

비행기는 안전히 착륙! 승객들은 모두 무사할 수 있었어.

휴
십년감수 했어.
죽을 뻔했어.
진짜 다행이야.
와글와글

비행기를 책임지는 대표인 기장이 죽어버림으로써
승객들은 꼼짝없이 죽을 운명에 놓였다가,

푹쉬식

두 번째 대표인 김네몽으로 인해 모두 살아날 수 있었지.

최초의 사람 대표 아담이 하나님과의 약속을 어겨
모든 인간이 죄인이 되었고,

허부적 허부적
죄 진흙탕

그 후 예수님이 모든 사람의 죄를 대신해
십자가에 죽으심으로 우리 모두를 구원하실 길을 여신 거야.

한 사람이 순종하지 않음으로 말미암아 많은 사람이 죄인으로 판정을 받았는데,
이제는 한 사람이 순종함으로 말미암아 많은 사람이 의인으로 판정을 받을 것입니다.
로마서 5장 19절

Fin.

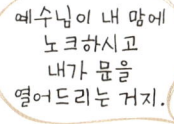
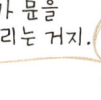

> 이 세상 창조 때로부터, 하나님의 보이지 않는 속성,
> 곧 그분의 영원하신 능력과 신성은,
> 사람이 그 지으신 만물을 보고서 깨닫게 되어 있습니다.
> 그러므로 사람들은 핑계를 댈 수가 없습니다.
>
> 로마서 1장 20절

그게 바로 하나님의 노크 소리야.
네 마음의 문을 열어 달라고 하나님이 계속 노크하고 계신 거야.

그리고 그 소리에 반응해
예수님 이야기를 믿고 받아들이는 행동이

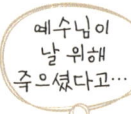

바로 문을 여는 행동인 거지.

우리 하나님, 충분히 오래 기다리셨어.

지금이라도 얼른 문 열어 드리세요♥

> 당신이 만일 예수는 주님이라고 입으로 고백하고,
> 하나님께서 그를 죽은 사람들 가운데서 살리신 것을
> 마음으로 믿으면 구원을 얻을 것입니다.
> 로마서 10장 9절

예수님을 모셔들였다고 해서
내가 죄인이 아니란 소리는 아냐.

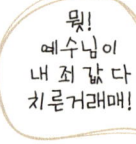

예수님을 믿는다는 건,
말하자면 하나님나라 행 비행기 티켓 같은 거야.

하지만 그 티켓을 얻었다고 해서
죄인인 내 본질이 변하는 건 아니라는 거지.

한번 벌금을 냈다고 해서
그 후로 평생 과속을 안하고 산다는 보장은 없고
그럴 때마다 과태료도 또 부과될 텐데,

누군가가 내가 평생 내야 할 벌금을
한꺼번에 일시불 결제 한 거랑 비슷하다고 보면 돼.

하지만 벌금을 낼 필요가 없어졌다 해서
과속이 허용되는 건 아니잖아.

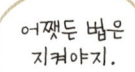

과태료와 사고는 별개의 문제니까.

내가 본질적으로 죄인인 것은 변하지 않지만,

하나님이 예수님을 보내 평생 죄 값을 치러 주시고,
그걸 믿는 사람들을 의롭다고 '여겨' 주시기로 작정하셨기 때문에
우리를 다시 하나님 곁으로 올 수 있게 해주신 거지.

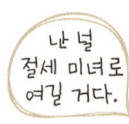

> 그러므로 우리는 믿음으로 의롭다 하심을 받았으므로,
> 우리 주 예수 그리스도로 말미암아 하나님과 더불어 평화를 누리고 있습니다.
> 로마서 5장 1절

그 말은 곧, 내가 구원 받은 것은
내 행실이 착해서, 의로워서, 잘나서가 아니라
순전히 예수님이 흘리신 피를 공로 삼아
은혜를 입은 거라는 소리야.

이걸 어떻게 갚나요.

나도 머리로 종을 쳐드려야 하나?!

은혜 입은 까치몽.

행실로 구원받을 수 있는 사람은 아무도 없어.
나의 의로움은 예수님을 통해서만 가능해.
이걸 '믿음으로 의롭다고 칭하심', 이신칭의 라고 해.

Justification by faith

못 갚아. 그냥 누려.

파닥파닥

알겠써염.

> 그러나 사람은, 그리스도 예수 안에서 얻는 구원으로 말미암아,
> 하나님의 은혜로 값없이 의롭다는 선고를 받습니다.
> 로마서 3장 24절

Fin.

좋아하는 애가 있어.

그 애 마음을 당연히 얻고 싶겠지?

근데 마침, 사람 마음을 조종할 수 있는 능력이 생겼어.

그 능력만 있으면,
좋아하는 그 애를 내게로 오게 할 수도 있고,

데이트도 할 수 있고,

평생 함께하겠다는 약속을
받아낼 수도 있어

하지만 과연 그게 기쁜 일일까?

내가 조종해서 그 애가 날 좋아하는 것보다,

마음이 안 맞아 좀 힘들고 지치더라도

자발적인 마음으로 날 좋아해주는
그 마음이 더 기쁘고 행복한 일 아니겠어?

바로 그거야.
사람과의 인격적인 관계를 원하시는 하나님은
우리를 기다려주고 계신 거야.

하나님은 우리에게 자유의지를 주셨고
그걸 존중하셔.

Fin.

하나님을 믿는다는 건,
내 인생의 주인이 하나님이심을 인정해 드리는 것과 같아.

그건 곧, 이 세상에 살고 있지만 세상의 법을 따르지 않고
하나님의 법을 따른다는 걸 뜻하지.

> 나는 그리스도와 함께 십자가에 못 박혔습니다. 이제 살고 있는 것은 내가 아닙니다.
> 그리스도께서 내 안에서 살고 계십니다. 내가 지금 육신 안에서 살고 있는 삶은
> 나를 사랑하셔서 나를 위하여 자기 몸을 내어주신
> 하나님의 아들을 믿는 믿음 안에서 살아가는 것입니다.
> 갈라디아서 2장 20절

근데 많은 사람들은, 심지어 크리스천들까지도
하나님이 내 주인이라는 걸 말로는 인정하면서,
실제론 인정하지 않는 것처럼 살아가.

내가 운영하던 회사의 경영권을
하나님께 다 드려 놓고는,

하나님이 하시는 경영에 이것저것 참견하는 모습인 거지.

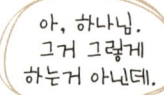

피조물이 창조주에게 훈수를 두다니,
하나님 보시기에 얼마나 교만한 모습일까.

크레파스   크레파스 공장 사장

> 오, 사람아, 그대가 무엇이기에 하나님께 감히 말대답을 합니까?
> 만들어진 것이 만드신 분에게
> "어찌하여 나를 이렇게 만들었습니까" 하고 말할 수 있습니까?
> 로마서 9장 20절

하나님께 문을 열어드린다는 건,
즉, 영접이란 이런 거더라.

내 인생의 주인이
나에서 하나님으로 바뀌는 것.

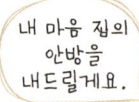

세상 기준에 맞추려 애쓰며 잘 나가는 게 영광이 아니야.
하나님의 다스리심 아래 내 삶의 목적을 찾는 것.
그게 하나님 나라 백성의 능력이지!

'나의 이름을 부르는 나의 백성, 나에게 영광을 돌리라고 창조한 사람들,
내가 빚어 만든 사람들을 모두 오게 하여라' 하고 말하겠다.
이사야 43장 7절

Fin.

> 하나님 나라에는 먹는 일과 마시는 일이 아니라,
> 성령 안에서 누리는 의와 평화와 기쁨입니다.
> 로마서 14장 17절

Part. 2
HOPE

말씀에 담가진
촉촉한 꿀빵 김네몽

'그놈'은 우리에게 사랑하지 말라고는 말하지 않아.

대신, 비판하고 판단하라 말하지.

그 놈은 남을 비판하는 것은
사랑과 별개라고 생각하게끔 만들어.

하나님,
얜 상식적이지 못하구요,
쟨 덕이 안되구요,
또 얜 한쪽으로 너무 치우쳤구요,
또 걘 자격이 없…

쏨!

내가 쏜다는데
말이 많다 너…

함…

내가 비판하는 그 사람 역시
하나님이 사랑하는 사람이라는 걸….

나도 똑같아.
남들 보기 부족한데도 은혜로 쓰임 받고 있잖아.

하나님의 시각으로 보면 다 똑같아.

하나님의 시각으로 사람을 보는 연습이 필요해.

Fin.

김네몽'S Talk Talk Talk

비판이란 건 정말 조심해야 하는 것 중 하나인 것 같아.
내가 그 사람을 꽤나 생각해서 하는 말처럼 들리기 때문에
죄 짓는 것 같지 않은 모습으로 여겨지거든.
내가 거룩한 사람이 된 것 같은 착각을 불러일으키게 만들어.
적어도 나는 너 같진 않다는 거지.

하지만 돌아보면,
정말 그 사람과 내가 다를까?
그 사람을 비판하거나 판단할 자격이 내게 있는 걸까?

내 맘에 들지 않아도
내가 보기에 이해가 안되고 부족해도
하나님이 사랑한다는데,
하나님이 쓰신다는데,
무슨 말을 하겠어.

나도 똑같이 은혜로 사는 입장에서
다른 사람을 판단할 게 못 되는 거지.

타인의 부족한 모습을 보며 화가 날 땐
언성을 높이며 의인인 척하기보다
차라리 애통하며 엎드려 기도하는 게 더 낫지 않을까.

하나님 눈 안경!

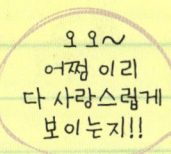
오오~
어쩜 이리
다 사랑스럽게
보이는지!!

이런거 누가 개발 좀 해줘.

무엇보다도 뜨겁게 서로 사랑할지니 사랑은 허다한 죄를 덮느니라.
베드로전서 4장 8절

누군가 나를 비판할 때,

"김네몽 쟤 겉으로만 믿음 좋은 척하지 사실 엉망이더라. 새벽기도도 안 나가."

음?

대부분은 자기 변호를 하고 싶어지는 게 사람 본성인데,

"내가 요새 피곤해서 그렇지!!!" 발끈 "그러는 지는 얼마나 잘한다고?!"

이 때를 조심해야 해.

"그런 마음이 교만이지."

음?!

그것은 결국 내가 '의롭다'고 주장하게 되는 꼴인데
이렇게 하나님 앞에 자기 의를 주장하게 되는 것이
얼마나 교만한 마음인지….

나를 평가하는 그 사람은 제쳐놓고라도
하나님 앞에서 그 말을 반박하기엔 스스로가 너무 부끄럽지 않은가…

죄를 죄로 받아치지 말고,

죄로 공격받아도 겸손으로 엎드러지자...

사실 겸손이고 뭐고를 따지기 전에
정말로 그렇잖아. 나는 교만하고 가식적이고 더럽잖아.

하나님 앞에 감히 자기 의를 주장하는 부끄러운 모습은
보이지 않게 되기를….

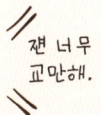

Fin.

김네몽'S Talk Talk Talk

하나님 앞에선 의인이 없어.

내가 자기변호를 하는 순간
그건 내가 의롭다고 주장하는 꼴밖에 안되는 거야.

누가 뭐라고 공격하면,
그냥 넙죽 죽자.
순간을 못 참고 또 다른 죄인이 되는 말아.
사실 가슴에 손을 얹고 생각하면
내가 부족하다는 게 다 맞는 말이잖아….

하나님 앞에 엎드려져
은혜를 구하고 긍휼을 구하고,
더 나아가 날 비방한 그 상대방까지 진심으로 사랑할 수 있다면
더 크게 돌고 돌 수 있는 죄의 악순환을
내 선에서 축복으로 돌릴 수 있겠지.

"맞아. 나도 잘한 건 하나도 없는데, 너도 딱 그 수준밖에 안돼."
인정하고 낮아지는 척하면서 상대를 비아냥거리는 것도 그만.

"좀 더 나은 내가 널 축복해야지 어쩌겠냐."
축복을 가장한 우월감도 그만.

하나님 입장에선
날 비방한 그 사람이나, 억울함에 울부짖는 나
똑같은 **죄인**이란 걸 잊지 말기를….

도토리 키 재기.

> 그리스도 예수께서 죄인을 구원하시려고 세상에 오셨다고 하는 이 말씀은 믿음직하고, 모든 사람이 받아들일 만한 말씀입니다. 나는 죄인의 우두머리입니다.
> 디모데전서 1장 15절

완전체 아님.
가끔 신경질 부릴 수 있음.
종종 자기도 모르게 부정적.
어쩔 땐 입에서 불평만 나옴.
상처 탓에 과민 반응 보일 수 있음.

사랑, 관심, 배려에 플러스 반응함.
천천히 반응하니 조급히 생각 말 것.
공사 중이라는 것을 항상 염두에 둘 것.

Fin.

김네몽'S Talk Talk Talk

목사님이 이런 말씀을 하셨어.
사람들은 길이 막히면 신경질을 내다가도
공사 중이라는 팻말을 보고 나면
그 사실을 납득한 후 다른 길로 돌아간다고.

완벽한 사람이란 존재할 수가 없어.
그런데도 우린
서로가 공사 중이라는 사실을 잊고
상대를 완전체라고 착각한 채 그에 걸맞는 반응을 기대하지.

완전체인 사람은 없잖아.
아마 죽을 때까지 공사 중일 거야 우린.
나와 함께하는 사람들이 완전하다는 착각을 버리자.

일을 하다 보면 사람이랑 부딪히는 경우가 있는데

그 사람 꼴 보기 싫어서라도
그 일이 망했으면 좋겠다고 생각했어.

하지만 그게 하나님 일이라면…?

그런 거라면… 내 마음 내려놓고
사람보다 하나님께 집중하는 게 맞을텐데

그게 참… 내 고집에 죽도록 힘이 들어….

결국 뭐든지 내가 다뤄지는 과정….

하나님 미안…

그래도 다음엔 그쪽이랑
같이 일하기 싫어요…

김네몽'S Talk Talk Talk

회사 다니던 시절,
모든 사람과 두루두루 잘 지내는 관대한(?) 나지만
그런 내 눈에도 너무 얄미운 팀장님이 한 분 계셨어.

평소엔 잘 지내다가도 간간이 보이는 그 얄미운 모습들에
언젠가는 너무 열이 받아서,
진행하고 있는 그 프로젝트가 확 망했으면 좋겠다고 생각한 적이 있었어.

하지만 내가 다니던 회사는 기독교 방송 회사였고,
당연히 그 프로젝트도 하나님 뜻에 초점을 맞춰 기획된 일이었지.

나쁜 마음을 가지고 있다가,
그 나쁜 마음이 하나님의 선한 일을 해칠 수도 있다는 생각이 번뜩 들더라.

사람이라는 나무를 보고 짜증이 한가득 나 있는데
하나님의 목적이라는 숲을 보게 되면
이미 열이 받아 있는 나는
마음이 참 애매해진다는 거….

아무리 짜증이 나고 화가 치솟아도
그것을 상대의 일로 보는 것이 아니라 하나님의 목적으로 봤다면
어떻게 해야할까.

모르고 지나쳤다면 몰랐다는 핑계라도 대지만,
하나님의 마음을 이미 깨달아 버렸다면
나쁜 것으로 가득 찬 내 마음을 내려놓아야 하는 거겠지.

세상에서 가장 어려운 포기는
내 고집을 버리는 일.

사람은 죽을 때까지 공사 중?
내가 쓴 글이지만
나도 적용하기 힘들 때가 많아...OTL

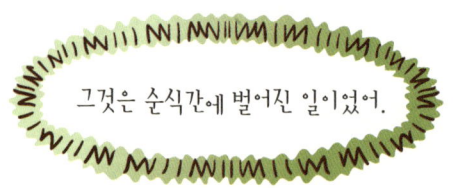

그날따라 햇빛이 뜨거웠는데

여름도 아니고,

이게 뭐야.

전도했던 친구는 갑작스레 예배에 오기 싫다고 했고,

싫다고?

설상가상으로 예배 줄까지 긴 데다,

팀 사람들도 못 찾겠고,

리더 언니는 내 목소리까지 못 알아듣고….

갑자기 짜증이 치솟은 나.

모든게 하기 싫었고 부정적이 되어버렸음.

평소에는 즐거웠던 율동 시간이 불쾌한 지경까지 갔었지만,

찬양하면서 기뻐하라 하신 말씀이 생각나더라.
Be joyful always

하나님은 내게 항상 기뻐하라고 하셨어.
무릇 지킬만한 것보다 더욱 네 마음을 지키라 하셨지.

그 말씀이 내 마음을 만지더라.

그 순간,
말씀에 만져진 내 마음은 무너졌고

난 울면서 말씀에 순종하겠다고 말하고 있었어.
순간을 틈탄 마귀에게 마음을 내어준 걸 회개한다고….

그리고 곧 회복되어 날라댕겼다는
김네몽의 기쁜 부활 주일 이야기.

Fin.

김네몽'S Talk Talk Talk

마음을 빼앗기는 건 순간이야.

그 무엇보다도 마음을 지켜야 해.
내 감정보다 말씀이 앞서야 하고,
말씀이 나를 만질 때 그에 순종하는 것.

아니, 그보다 먼저
말씀이 나를 만지도록 내 마음을 열어두는 것.

그 말씀이 날 만지지 않았다면
난 최악의 부활 주일을 보낼 뻔했어.

그럼!
부활

젊은이가 어떻게 해야 그 인생을 깨끗하게 살 수 있겠습니까?
주님의 말씀을 지키는 길, 그 길뿐입니다.
시편 119편 9절

어떤 상황에 맞닥뜨렸을 때,

의도하지 않았지만 자연스레 생기는
나쁜 마음이나 부정적인 감정이 있지.

처음엔
약한 정도.

사람이다 보니 충분히 그럴 수 있다고 생각해.

하지만 우린 마귀가 그걸 교묘히 이용한다는 걸 알아야 돼.

하지만 대부분은 그런 상황을 인식하지 못한 채
자기도 모르게 그 씨를 열심히 키우게 되고,

결국 폭발!

그리고 쾌재를 부르는 한 마리가 여기.

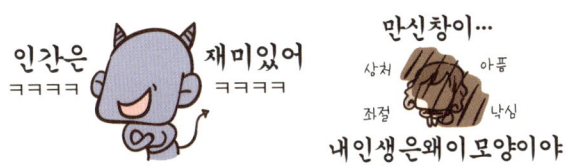

그런 말이 있잖아.

새가 머리 위로 날아가는 걸
막을 순 없지만,

머리 위에 둥지를 트는 건
막아야 한다고.

내 맘에 부정적인 것들이 생겨나면
마귀는 그 순간을 놓치지 않아.
그 마음에 나쁜 씨를 던지지.

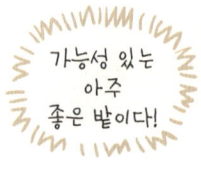

거기서 난 선택을 할 수 있는데,

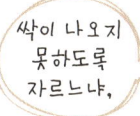

누군가에 의해 마음이 상하거나,
혹은 힘들만한 그런 환경에 처했을 때,

그 씨가 자라서 날 휘두르기 전에
스스로 싹을 끊어낼 수 있는 결단이 필요해.

그리고 그건 내 안에 계신 예수님의 능력으로 가능하지!

결국, 내 마음의 중심을 지킬 수 있느냐 없느냐의 문제.
삶은 매 순간의 영적 싸움인 걸.

김네몽'S Talk Talk Talk

기분이 상하거나, 억울함을 느끼는 것,
내 처지가 불공평하다고 생각되거나
시도 때도 없이 찾아오는 근심, 우울, 좌절, 분노, 상실감 등등.

물론 이런 감정들을 전혀 느끼지 않고 살아간다는 건 불가능해.

하지만 그 처음 신호가 왔을 때
그걸 주구장창 키우지 말고 끊어내는 게 중요한 거야.

처음엔 아주 약해. 발단은 그냥 조금 기분 나쁜 정도야.
그런데 마귀는 그 틈을 노려 내 상한 마음 밭에 씨를 휙 던지고,
내가 그걸 모른 채 계속 방치하면 나쁜 마음들이 점점 자라나지.
그건 상황이나 상대방이 날 그렇게 만든 게 아니라
마귀가 던진 그 씨가 내 밭에서 너무 잘 자라게 키운 나의 모습인 거야.

상식적으로 봐도 내가 잘못한 건 없다고,
왜 굳이 바보같이 살아야 하냐고,
약간의 우울함은 인생철학에 도움이 된다고,

그런 건 다 이기심이나 불신을
개념과 상식, 합리화로 그럴듯하게 포장한 궤변들이야.
결국은 내 자아가 죽지 않았기 때문인 거지.

마귀가 마음에 던지는 씨를 덥썩 받아 키우지 마.
끊어 내. 싹 트기 전에 잘라 버려.
그 씨가 자랄 수 없는 흙으로 마음밭 토양을 다 갈아치워 버려.

사람 맘이 어떻게 맘대로 되냐고?
가능해.
내 안의 그리스도의 능력으로.

마귀가 씨를 던졌는지 어쨌는지도 모른 채
그걸 주구장창 키워서 마음 밭을 온통 난장판으로 만들어 놓고는
무조건 상황 탓, 남 탓만 하고 있지 마.
혹은 우울함에 빠진 자신에 취해있지도 마.

씨가 던져진 게 느껴지면,
일부러라도 입술로 고백해.
이런 상황에 휘둘리지 않겠다고.
내 이기심과 불신을 내려놓고, 내 자아를 내려놓겠다고.
사실 하나님나라를 생각하면
여기서의 이런 문제들은 내가 이렇게 열 낼 문제가 아니라고.
나는 예수 그리스도의 능력으로 내 마음을 지키겠다고.
믿음으로 선포하고 마음을 지켜내.

똑같은 상황인데도
감사하는 사람이 있고
불평만 하는 사람이 있어.

차이는?
마음을 얼마나 철저히 지키느냐의 차이잖아.

너도 내 상황 되어보라고?
그렇게 말하는 사람은 더 나은 상황이 되어도 변하지 않아.
그럼 그렇게 마음을 지키면, 문제가 해결되냐고?
정말로 하나님 말씀을 마음에 심어 단단히 지키면
문제 자체가 사라지지.

> 그 무엇보다도 너는 네 마음을 지켜라.
> 그 마음이 바로 생명의 근원이기 때문이다.
> 잠언 4장 23절

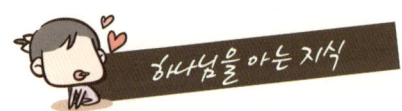

초승달이 떴을 때 그게 달이란 걸 믿었을까?

그래서 하나님은,
우리가 하나님을 더 잘 알 수 있도록 우리에게 스스로를 드러내셔서
하나님을 알 수 있는 지식을 주셨어.

우리가 하나님을 얼마나 알아가느냐에 따라
우리 믿음은 충분히 달라질 수 있어.

김네몽'S Talk Talk Talk

아는 것과 믿는 것에 상관관계가 있다고 생각지 못했었는데,
관점을 살짝 바꿔 생각해보니 그렇더라.

알기 때문에 믿을 수 있는 것.

바람은 보이지 않지만
바람의 존재를 배워 알기 때문에
바람이 있다고 확신할 수 있는 것처럼,

하나님을 더 잘 믿기 위해서는
하나님이 어떤 분인지 더 잘 알려는 노력이 필요하다는 것.
그리고 하나님은 지금도 끊임없이 자신을 드러내고 계시다는 것!

> 영생은 오직 한 분이신 참 하나님을 알고,
> 또 아버지께서 보내신 그리스도를 아는 것입니다.
> 요한복음 17장 3절

산상님이 내 꿈을 꿨다고 했어.

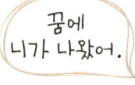

꿈에서의 나는, 계속 먹고 또 먹었단다.

너무 심하게 먹어서 얼굴이 점점 풍선처럼 불어나길래,

보다 못한 산상님이 그만 좀 먹으라고 한소리 했단다.

그랬더니 눈물까지 찔끔거리며 알아들은 것 같았는데,

어느샌가 저쪽 구석에서 또 주먹밥을 먹고 있었단다.

너무 화가 난 산상님은 주먹밥을 뺏어서 던져버렸는데,

난 어느샌가 다시 가서 그걸 주워 먹고 있더란다.

그래서 너무 어이없고 화가 난 채 잠에서 깼단다.

이젠 니가
'알고 있다'는 것에
초점을 맞춰야
할 것 같아…

모르고 그런다면
알려줘야겠지만…

근데 알고 있는데도
안 되는 게 있는 거니까…
그것도 니 연약함이란 걸
인정해야겠다고…

하나님도 똑같잖아.
알고 있지만, 아는 것처럼 행하지 못하는 우리의 연약함을
다 아시고 감싸주는 분이시니까.

난 왜
맨날 이러죠…

토닥토닥

하지만 또 하나님은 연약함을 받으시는 동시에
'그러지 않을 나'를 늘 기대하신다는 걸 기억해.

김네몽'S Talk Talk Talk

배가 부른데도 계속 먹고 먹고 또 먹는 날 보며
산상님은 꿈에서 엄청 화를 냈다고 한다.
"먹으면 안 되는데… 배부른데…"라고 하면서도
말과 다르게 자꾸 먹는 내가 답답했단다.

그런데 그 꿈을 꾸고 나서
이제껏 자기가 내 반복되는 실수들을
이해 못하고 못마땅하게 생각했던 게 떠올랐다고 하더라.

몇 번이나 지적하고 알려줬는데도
왜 계속 똑같은 실수를 반복하는지 이해가 가지 않아서
내가 자기를 화나게 하려고
일부러 그러는 것 같다는 생각이 들 정도였다고.

그랬던 산상님은 꿈에서의 날 보며
우리가 가진 지식의 수준대로 살 수 없는 인간의 연약함을
다시금 깨닫게 됐고
내 실수들에만 초점을 맞출 것이 아니라
그래도 내가 그러면 안 된다는 걸 아는 것에 초점을 맞추기로 했단다.

모르고 저지르는 실수는 바로 잡아줘야 하지만
알고 있음에도 연약함 탓에 무너지는 것은 다르니까.

그런 연약함까지 인정하고 사랑하는 마음이
하나님의 마음이라고….
하나님 마음으로 사랑하겠다고….

그렇지만 하나님도
무조건 받아 주기만 하는 데서 그치는 게 아니라
우리의 변한 모습을 언제나 기대하고 계신다며
더 노력하자고 했다.

받아 주시는 하나님과 기대하시는 하나님.
동전의 양면처럼 떨어질 수 없는 부분.

답답하다는 소리를 들었다.

참 별거 아닌 소리 같은데... 그게 많이 속상했다.

갑자기 딴소리하는 생뚱맞은 점은
기도할 때 역시 예외는 아닌데

하나님… 근데 나 지금 배고픈 거 같아…

그게 갑자기 또 북받쳤더랬다.

내가 갑자기 딴소리 하면 이상해요?

하나님도 이런 내가 어이없어요?

그런데 하나님은…

아니… 난 니가 사랑스러워…

얼마나
속상했니…

귀한 내 딸아…

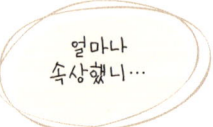

으아아앙

으아아앙

참 위로자는 하나님뿐….

Fin.

김네몽'S Talk Talk Talk

마음이 상하는 것엔 두 가지가 있는 것 같아.
나의 죄악을 인식함으로 인한 상함과
타인의 부족함으로 인한 상함.

어느 쪽이 되었든 간에
하나님은 그 상한 마음을 외면하지 않으셔.
오히려 하나님께 나와 그 상한 마음을 드리는 걸 기뻐 받으시지.

솔직하게 고백하며 마음을 쏟아 놓다 보면
하나님이 지금 내 마음을 만지시고 있구나…
하나님이 지금 날 정말 따스하게 품고 계시구나… 라는 걸 느낄 수 있어.

사람에게 받은 상처를
하나님 앞에 털어놓고 제대로 풀면 앙금이 남을 게 없다는 소리를
예전엔 이해하지 못했었는데,

해를 거듭하고
나이를 먹을수록

상처를 준 사람과 상관없이
진정한 치유자, 진정한 위로자는 하나님뿐이란 걸
마음속 깊이 깨닫게 되더라….

그만큼 우리 하나님은
누구보다도 나를 가장 잘 아시고
나의 회복과 성장에 관심이 많으시며
상한 마음을 치유하는 데 탁월하시지.

내가 알고 있는 것보다도
우리 하나님은 훨씬 훨씬 크고 넉넉한 분이니까
구석으로 도망가지 말고 하나님 찾자.

> 하나님께서 원하시는 제물은 찢겨진 심령입니다.
> 오, 하나님, 주님은 찢겨지고 짓밟힌 마음을 멸시하지 않으십니다.
> 시편 51편 17절

내가 상한 마음을 쏟아 놓으며 부르짖는 동안
하나님은 그 마음을 만지신다….

찬양을 하는 게 아니라 그냥 노래를 부르고,

기도를 함께 올려 드리는 게 아니라 그냥 듣고,

설교 말씀을 마음에 새기는 게 아니라 그냥 보고

문득 이런 생각이 들었다.
이런 걸 진짜 예배드렸다고 할 수 있을까…?

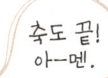

예배는, 목사님이 예배드리시는 걸
그냥 참여하고 구경하고 따라 하는 시간이 아니라,

내가,
내 마음을 하나님께 드리는 시간인데

어느샌가 그냥 '참여'만 하고 있는 것 같은
내 예배 태도에 회개했음….

습관적, 형식적인 것에 익숙해져서
잠시만 넋을 놓아도 마음은 하나님께 집중하지 못하고
그냥 흘러버리기 때문에,

예배 전,
예배를 위한 기도도 필요하다는 걸 절절하게 느꼈어.
예배를 회복해야 살아.

앞으로 매순간 진짜 예배를 드리고 싶어요….

김네몽'S Talk Talk Talk

내가 말하고 싶은 건
중심의 문제야.

단순히 예배 시간에 딴 짓을 했느냐 안 했느냐 정도의
겉모습으로 판별되는 게 아니라
예배 시간에 임한 나의 진짜 중심은 하나님만 아신다고 생각해.
사람은 몰라.
거룩한 척하고 있으면 아무도 몰라.
겉만 볼 줄 아는 사람이 어떻게 알겠어.

습관적이고 형식적으로 예배에 참여하는 내 태도에
'이건 예배도 아니고 뭣도 아니여…' 라는 깨달음이 들면서,
'이래놓고선 어디 가서 예배 드렸다고 말하겠지…' 라는 생각에
씁쓸해졌어.

그 시간 동안 정말로 하나님께 집중해서
온 마음을 내어 드린다는 건
말처럼 쉬운 일은 아니야….

> 내가 바라는 것은 변함없는 사랑이지, 제사가 아니다.
> 불살라 바치는 제사보다는 너희가 나 하나님을 알기를 더 바란다.
> 호세아 6장 6절

예배를 위한 기도가 왜 필요한지
마음으로 절실히 느낀 나….

내 마음의 중심은
다른 사람이 판단해 줄 수 없어.
내 스스로 하나님 앞에서 돌아봐야 할 문제….

예배!
경배!
찬양!
꺄오!

나는야 다윗처럼 춤을 출 거야♪

교회 모임에서의 간증 시간.

징검다리가 안 보이는 개울을
눈 앞에 두고 있는데,

일단 내 앞의 돌을 하나 밟으면,

김네몽'S Talk Talk Talk

정말 요즘은 그래.

앞날이 어떻게 될지 알 수 없는 인생길인데
일단 내 앞에 주어진 것들을 감당하고 나면
하나님은 바로바로 크고 작은 다음 돌을
툭툭 내 앞에 던져주셔.
나는 그게 정말 신기하고 진짜 감사해.

물론 예고는 없어.
그렇기 때문에 걱정이 아주 없을 순 없지만,
다음 돌이 던져짐과 동시에
여태껏 걱정했던 것들이 쓸데없는 걱정이었다는 걸 아니까,

하나님은 지금
앞으로의 일에 대비해서
내가 하나님을 더 믿고 붙들 수 있도록
예비하시는 하나님에 대한 반복적인 학습을 시키고 계신 것 같은 느낌.

우리 간사님 말처럼
하나님은 정말 DDR이야.

당신이 아플 때…

니가 아프면
내가 더
아픈데…

혼자라고
생각하지 마…

너보다 더 아픈
내가 여기 있잖아…

어허엉
엉엉…

하나님은 그걸 보며 당신이 더 아파서 우신다….

Fin.

김네몽'S Talk Talk Talk

아파하는 사람들이 너무 많아….
다들 혼자라고 생각하고
아무도 자길 이해 못 한다고 생각해.
나만 힘든 것 같고
나만 어려운 것 같다고 느껴….

그런 때일수록
아픔을 공감해주고 대신 져 주는 이가 있다는 것이
얼마나 큰 위로가 되는지….

우리 하나님이 바로 그런 분이신데….

믿어. 진짜다….

내 맘 속에 뻥 뚫린,
하나님만 채울 수 있는 구멍.

예쁘게
채워 주세염.

주님은 억울한 자들이 피할 요새이시며, 고난받을 때에 피신할 견고한 성이십니다.
주님, 주님을 찾는 사람을 주님께서는 결단코 버리지 않으시므로,
주님의 이름을 아는 사람들이 주님만 의지합니다.
시편 9편 9-10절

예수님을 마음에 모셔 들인 새사람으로서,

어떻게 세상을 살아가야 하는지 너무 잘 알아.

잘 아는데…

순간순간 그렇게 살지 못하고 있는 내 모습을 볼 때.

머리로는 알지만 진짜 순종하며 살고 있지 못한 내 모습.

그러면서 남에게 말은 청산유수인 내 자신.

신앙은 이론으로 설명되지도 않고 지식으로 쌓을 수도 없어.
단순히 알고 있다 해서 다가 아닌 거지.

네 이웃을 사랑하라?

내 안에 그리스도께서 사시는 것이라?

알지. 그거 모르는 사람도 있나?

신앙은 삶에 녹아들어야 하고
신앙이 곧 내 삶이 되어야 해.

근데 정말 내가 내 이웃을 사랑하고 있냐고!

내 가족이나 먼저 용서하라고!!

정말 내 인생의 주인이 내가 아니라 예수님 맞는 거냐고!

진짜 하나님 형상 입은 새사람처럼 살고 있는 거 맞냐고!

으아앙!!

김네몽's 신앙일기

말로만 읊을 게 아니라 삶으로 나타내야지.

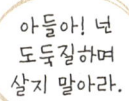
아들아! 넌 도둑질하며 살지 말아라.

?!
자물쇠 해체 놀이 중.

설득력 없어!!!
완전 이런 꼴.

언행일치. 그렇지 못한 내 모습을 새삼 회개하게 되는 요즘이야···

주님···

경건한 척 혼자 다 했지만 난 시궁창일 뿐이죠···

인간의 연약함이라며 합리화하는 것도 한두 번이지···

쓰담쓰담

하나님··· 매일매일 더 성령충만하길 원해요···.

Fin.

김네몽'S Talk Talk Talk

머리로는 내 욕심이라는 것을 너무나 잘 아는데,
내 마음 내려놓기 싫고
내 고집이 죽어도 안 꺾어져서
순종하기가 너무나 힘들었던 요즘….
내 자아를 누르기가 너무나 힘들었던 요즘….

평상시엔 충분히 아는 것들이고 행할 수 있는 것들인데
그 문제 가운데 던져져 있는 상황에선 그게 잘 안 돼.
아니, 안되는 게 아니라 그러기 싫다는 게 솔직한 마음의 소리인 듯.

앙심을 품거나
똑같이 되갚아 주거나
상처를 주지 말아야 하는 걸 아는데도 불구하고 나는
화를 참지 못하고 – 참지 않고
아픈 말을 누르지 못하고 – 누르지 않고
용서하지 못하고 – 용서하지 않고 있지.

정말… 이젠 인간의 연약함을 핑계삼는 것도 민망해.
주님… 이런 나를 불쌍히 여겨주세요….

 김네몽's 신앙일기

> 그러므로 더러움과 넘치는 악을 모두 버리고,
> 온유한 마음으로 여러분 속에 심어주신 말씀을 받아들여야 합니다.
> 그 말씀에는 여러분의 영혼을 구원할 능력이 있습니다.
> 말씀을 행하는 사람이 되십시오.
> 그저 듣기만 하여 자신을 속이는 사람이 되지 마십시오.
> 야고보서 1장 21-22절

하나님의 짓이겨진 심장을 보면
더 이상 죄를 지을 수가 없게 된다….

그 한마디가 내 안의 죄를 다 씻어내고
정결하게 살고 싶은 욕망을 일으켰어.

내가 죄를
지을 때마다…

짓이겨져 아픈
하나님 심장…

회개를 하려면 먼저 죄의 인식이 필요했기에
숨겨진 죄까지 다 보여달라고 했더니

다 보여주세요…

훌쩍

이건 뭐 얄짤 없는 거다.

사건사건을 통해 내 죄성을 매순간 깨닫게 하시는데,

그건 꽤 충격적이면서도 감사한 순간들이었다.

내가 죄를 지을 때마다 아픈
하나님 마음….
그럼에도 죽을 때까지
죄인으로 살 수밖에 없는 인간….

하지만 아들을 보내 날 구원하신 하나님의 사랑은
내 죄보다 훨씬 더 크다고….

죄는 오직 예수님 보혈의 피로만 씻겨지고
그 피로만 내가 깨끗해질 수 있다….

Fin.

김네몽'S Talk Talk Talk

회개… 라는 것에 좀 무뎌져 있었어.
항상 긴장하고 있지 않으면 그 죄성에 젖어들어 감각이 무뎌지는 거지.
다들 벗고 다니는 누드비치에선 알몸이 부끄럽지 않은 것처럼.

그런데, 하나님의 짓이겨진 심장을 보게 되면
더 이상 죄를 짓고 싶은 마음이 없어진다고,

그 한마디를 들었는데,
정말 하나님의 심장을 본 것처럼 마음이 너무 아팠어.
그리고 제대로 회개할 결심이 섰어.

내 죄가 까발려지는 동안 난 수도 없이 만신창이가 되어야 했고
대면하고 싶지 않은 상황들과 맞닥뜨려야 했지.

간단한 예를 들면 이런 건데,
헌금 낼 생각도 없었으면서
같은 팀 사람들이 헌금 봉투를 하나씩 집어가니까
괜시리 나도 집어가는 거야.
마치 헌금 내려고 준비한 사람처럼.
내가 헌금을 하든 안하든 아무도 신경쓰지 않는데!

보통은 그런 상황을 스스로 자각하지 못하고 흘러갔을 테지만
그게 나의 쓸데없는 허영이고 의미 없는 껍데기라는 것을
그 순간, 내가 봉투를 집는 바로 그 순간, 깨닫게 하시는 거야.

스스로도 인식하지 못했던 내 구정물들이 보여질 때마다 느껴지는 자괴감.
그건 정말 피하고 싶은 상황들이었던 거지.

하지만 감사한 건,
그런 상황들이 단지 싫은 것으로만 여겨지는 것이 아니라
그 속에서 내가 회개해야 할 것들을 보게 하셨다는 것.

그래서 예전과는 다르게
그 상황들에 이리저리 끌려다니며 중심을 잃는 것이 아니라
그 안에서 이성을 찾고, 감사하고, 회개하며 마음을 정리할 수 있었어.

몰래카메라를 모르고 당하는 것과
알고 즐기는 것은 차이가 있는 것처럼.
이 문제들은 하나님이 내게 깨닫게 하시기 위해
보여주신 상황이라는 걸 알게 되니까
"아, 이런 모습도 내가 회개해야 할 부분이었군요." 가 되는 거지.

 178 김네몽's 신앙일기

나의 정결함은 오직 십자가 보혈의 피에 의해서만 가능해.
내 선행도 아니고 의로움도 아닌
오직 예수님 흘리신 붉은 피에 의해서만….

난 아마 죽을 때까지 죄인일 수밖에 없겠지만,
하나님은 그보다 더 큰 사랑이시기에
그 사랑으로 예수님을 세상에 보내셔서 우리 죄 대신 피 흘리게 하신 걸
평생토록 찬양하며 살아야지….

곧 하나님은 빛이시요, 하나님 안에는 어둠이 전혀 없다는 것입니다.
우리가 하나님과 사귀고 있다고 말하면서, 그대로 어둠 속에서 살아가면,
우리는 거짓말을 하는 것이요, 진리를 행하지 않는 것입니다.
그러나 하나님께서 빛 가운데 계신 것과 같이, 우리가 빛 가운데 살아가면,
우리는 서로 사귐을 가지게 되고, 하나님의 아들 예수의 피가
우리를 모든 죄에서 깨끗하게 해주십니다.
요한일서 1장 5-7절

제멋대로 굴다가

유산 내꺼!
케케케 잘 살아보세.

인석아 어딜 가니…

돌아온 탕자
누가복음 15장

아부지… 쥐엄 열매 맛없어…
잘못했어요…

어이쿠 내 아들!!

돌아와서는 아버지 뜻에 순복하며 살았겠지…?

어이 탕자! 애들 꼬셔서 밤새 놀자!
헤이 요!
왔첨 맨!
건들건들
안돼 인마. 아버지가 싫어하셔.

이게 회개구나…!!!!!!

말로만 잘못한 게 아닌,  태도의 변화, 순복의 자세.

죄를 버리지 못하는 건가, 버리지 않는 건가…

스스로를 합리화시키며 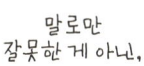 죄를 버리지 않는 경우가 허다하지.

Fin.

김네몽'S Talk Talk Talk

약속 시간에 항상 늦는 그 여자.

항상 늦고는 미안하다고 사과해.
근데 미안하다면서 다음 데이트 때 또 어김없이 늦어.

남자에게 정말로 미안한 마음이 있다면
여자는 태도를 바꿔야 하는 거야.
백날 말로만 미안하다고 할 게 아니라 약속 시간을 지켜야 하는 거야.

감정의 요동이 아닌, 태도의 변화.
이런 게 회개인 것 같아.

항상 미안한 그 여자.

미안하다는 소릴 하는 것도 이젠 본인이 민망해.
다음 약속에는 늦지 않겠다고 마음을 꼭꼭 다져먹고
훨씬 더 일찍 준비하고 집을 나서.

> 회개에 알맞은 열매를 맺어라.
> 마태복음 3장 8절

김네몽's 신앙일기

헌데 이 여자, 지독한 길치야.
늘상 가는 백화점이나 골목길에서도 늘 입구를 찾아 헤맬 만큼.
분명히 평소보다 훨씬 더 일찍 나왔는데,
사람 붐비는 시내 한복판에서 길을 헷갈려서 오늘도 또 늦어버렸어.

정말 늦지 않으려고 했는데, 남자 마음을 상하게 하고 싶지 않은데,
이 몹쓸 방향 감각은 여자도 어찌할 도리가 없어.

"내가 일부러 늦는 것도 아니고 원래 길치인걸 어쩌란 말이야!"
남자에게 되려 화도 내봤지만 그렇다고 지각이 당당한 건 아니야.
오늘도 역시 미안하다고 말할 수밖에 없는 여자는
내일도 또 늦지 않기 위해서 자존심을 접고 남자의 도움을 요청해.
"미안해. 다음에는 지하철 역 앞으로 데리러 와주면 안될까?"

연약함에 대한 합리화가 아닌, 인정과 맡김.
이런 게 회개인 것 같아.

Part.2 Hope

얼마 전, 옛날에 즐겨 보던 만화책이 생각나 다시 읽었어.

그 중 새삼 마음에 남았던 장면이 있었는데,
(주인공 부모님들 연애스토리中)

그녀는 끝까지
어젯밤의 내 행동을 책망하지 않았다.

그래서 난 전혀 깨닫지 못했었다.
그녀가 깊이 상처받고 있는 것을…

둔하고 무신경했던 남자가
자기를 배려해왔던 여자의 행동을 뒤늦게 깨닫고
그 마음을 이해하며 독백하는 장면.

지금은 알 수 있다.
그녀는 사람에게 상처 주는 행동을
두려워하고 있었다.

'그 정도 일은 내가 참으면 돼.'
그렇게 생각했던 것이다.

그걸 깨달은 난 충격을 받았고
나의 무신경함에 화가 났지만…(후략)

말하지 않아도 내 배려를 상대가 알아준다는 것,
참 매력적이더라.

호오… ♥

왠지 멋져…

그리고 어쩐지 감정이입되어 내 상황에 비교.

그리고 탄식(?!).

헌데 며칠 후, 하나님은 나의 그런 관점들이 올바르지 않다는 것을 깨닫게 하셨어.

보통 연인들은, 상대에게 인정받고 싶어하는 욕구가 있지.
내가 널 위해 얼마나 헌신했는지
알아줬으면 좋겠다는 것에 초점이 있는 거야.

하지만 커플들이 알아야 할 것은,
연애는 둘만의 관계가 아니라는 것.

만화처럼 연애가 오직 두 사람만의 세계라면
상대에게 인정받는 것에 큰 의미를 두고 상대에게 기댈 수밖에 없겠지만,

현실의 리얼 연애는 둘이 아니라 셋의 문제이고
너와 내가 아닌, 하나님이 중심 되시는 관계가 되어야 하기 때문에

상대에 대한 나의 헌신이나 섬김도
하나님이 아시는, 하나님이 기뻐하시는 섬김이라는 점에서
의미가 큰 것이지.

상대가 알아주길 바라는 것에
일차적인 의미를 두고 의도하는 섬김이라면
스스로 지칠 수밖에 없다고 생각해.

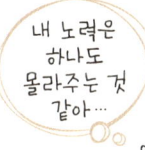

이건 연애 뿐 아니라 모든 관계에서도 마찬가지인 것 같아.
보상이나 자기만족을 위해 사람을 섬기는 것이 아니라
하나님이 기뻐하시도록 상대를 섬기고 품는 것.
마음 자세를 그렇게 바꾸는 것만으로도 하나님의 기쁨이 되는 것은 물론
둘의 관계도 한층 더 부드러워질 수 있어.

Fin.

김네몽'S Talk Talk Talk

매번 나만 손해보는 것 같은 억울함.
나는 더 많은 것들을 하고 있는 것 같은데
너는 그렇지 않은 것 같다는 허탈함.
나의 이런 노력을 너는 알아주지 않는 것 같다는 실망감.

물론 연애 초기에는 좋아하는 감정이 더 크니까,
긍정적 에너지가 넘치기 때문에 충분히 이타적일 수 있어.
하지만 시간이 지날수록
내 기대에 미치지 않는 사람의 반응에 점점 지쳐가지.

나는 그런 사람의 심리 변화가 당연한 거라고 생각했어.

근데 그게 아니더라.

그건 내 중심이 하나님께 있는 것이 아니라
사람에게 있다는 소리와 매한가지였던 거야.

결국 그런 문제로 인한 감정의 고갈 상태는
하나님이 해결해 주시고 말고 할 문제가 아니라
회개거리밖에 안될 만큼 부끄러운 내 중심의 문제였던 것.

간단하게 내 상황을 적용해서 말하면,
내가 남편을 섬겨야 하는 이유는
'남편에게 사랑받기 위해서, 남편에게 인정받기 위해서' 라기보다
하나님이 그것을 기뻐하시기 때문에 가 되어야 한다는 거야.

섬김의 목적이, 행동의 동기가, 내 마음의 중심이,
사람에서 하나님으로 달라진다는 것만으로도
앞서 느꼈던 사람에 대한 서운함이나 억울함은 너무도 허무하게 상쇄돼.
사람은 모를지 몰라도 하나님은 너무나 잘 아시기 때문이지.

하나님이 이런 나의 행동을 사랑스럽게 보고 계실 거라는 기쁨에
그간 느꼈던 부정적인 감정은 줄어들고
여유를 찾게 되며 평안이 와.

그 다음은
사람과의 관계.
평안으로 인해 부드러워진 내 말투나 행동이
사람과의 관계도 부드럽게 만들지.
그리고 이런 예쁜 관계의 모습에서
하나님이 더 큰 기쁨을 누리실 거라는 건 두말하면 잔소리.

만화나 드라마의 꾸며진 상황을 보면서
내 상황과 비교하거나 감정 이입하고 부러워하는,
혹은 우울해하는 일 따위!
그 세계랑 내 세계는 엄연히 다르기 때문에 비교 자체가 안된다고 생각해.
왜냐하면 그 세계는 하나님이 배제된 채 쓰인 가상이고
우리가 사는 여기는 하나님이 계신 리얼이기 때문에.

코람데오 Coram Deo.
하나님 앞에서.

하나님을 내 모든 삶의 주인 삼고
하나님이 주시는 기쁨을 온전히 누리는 것이
얼마나 달콤한 것인지!

> 너희는 주님의 신실하심을 깨달아라. 주님을 피난처로 삼는 사람은 큰 복을 받는다.
> 주님을 믿는 성도들아, 그를 경외하여라.
> 그를 경외하는 사람에게는, 아무런 부족함이 없을 것이다.
> 시편 34편 8-9절

내가 복수하는 여자라면,

야, 완전 잘했어! 본때를 보여줘야 해!

당한 것보다 더 갚아 줘야지!

나는 사람에게서 똑부러지는 여자라는
포인트를 획득하겠지.

내가 용서하는 여자라면,

진짜 중요한 게 뭔지 잘 아는 너

항상 날 기쁘게 한다구!

나는 하나님에게서 순종하는 여자라는
현금을 획득하게 될 거야.

그러니까 내 말은, 사람에게 받는 인정은 어디 쓸 데도 없는 포인트지만
하나님께 받는 인정은 진짜 현금이라는 소리야.

 아무거나

산상님에게 물었어.

"점심 뭐 먹을래?" 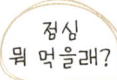   "점심? 벌써 밥 때 됐나."

사실 생각해 둔 메뉴는 있었지만,
산상님 의견을 존중하고자 물은 거야.

"새우볶음밥!"   "얼마 전 최고의 레시피를 섭렵했지!! 음핫핫"

근데 산상님이,  "아무거나."
라고 대답하네?

그럼, 아무거나 달랬으니
난 그냥 볶음밥 주면 되지만,

 194 김네몽's 신앙일기

그래도 신랑님이 센스 있게,

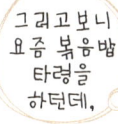

그러고보니 요즘 볶음밥 타령을 하던데,

아까 장도 봐온 것 같았지 아마…?

음… 볶음밥?

하고 내 마음을 알아주면,

그걸 주는 내 기쁨은 배가 되는 거야.

안그래도 새우볶음밥을 준비해 놨지~

맛있게 해줄게!!

소금통 쏟지나 말고.

문득, 기도도 이런거 아닐까 하는 생각이 들더라….

어떤 문제에 대해
그저 수동적이고
습관적으로

하나님 뜻대로 해주세요.

라고 기도하는 나를 발견했어.

물론 모든 일은 하나님 뜻대로 인도되어야 하는 게 맞긴 해.
하지만,

일용할 양식을 구해야 하는군.

하나님, 아무거나 그냥 주시는 대로 먹을게요.

크게 흥미 없다는 듯한 태도.

'아무거나'라는 태도보다는,

하나님 마음을 알아서

성령님
돼지갈비 돼지갈비!
지금 돼지갈비
스탠바이 돼있어!

속삭속삭

오?
갈비?

성령님은 내 친구

그 마음을 내 마음으로 받고 기도하는 것,

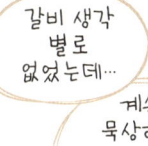
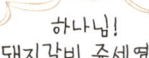

하나님이 그 모습을 더 기뻐하시지 않을까?

하나님 뜻을 알아가기 위해 기도하다 보면 기도가 깊어지게 되고,
내 기도가 점점 바뀌고 있다는 것도 느낄 수 있을 거야.

Fin.

김네몽'S Talk Talk Talk

"하나님 뜻대로 해주세요."
라는 기도를 하고 있었어.

그런데 문득, 그렇게 기도하는 내 모습에서
굉장히 '성의 없음'을 느꼈어.

물론 진심으로 모든 걸 주님께 맡기는 태도로
하나님 뜻대로 해달라고 하는 기도는 잘못된 게 아니지.

그런데 난 그때 '어찌되든 난 상관없어요.' 라는
그저 방관자 같은 태도로 기도하고 있었던 거야.

그런 상황에서
하나님 뜻대로 어떤 일이 이루어졌을 때
나는 과연 그 일이 하나님이 하신 일이란 걸
맘속 깊이 느끼고 감사할 수 있을까?
기도와 상관없이 그냥 내 삶에 자연스레 일어난 일이라고
그렇게 여기게 될지도 모르지.

"아무거나 주세요."
딱 이런 태도였던 거야.

이런 태도는, 어떤 것을 줘도 불평은 심하지 않겠지만
아무리 좋은 것을 줘도 뛸 듯이 기뻐하지 않아.

생일이니까 생일 선물을 받았는데
'그냥 생일이려니….' 하고 선물을 받는 것과
그 선물에 담긴 나를 향한 마음을 알고 받는 것과는
분명 차이가 있는 것처럼,

하나님이 내 삶에 개입하고 계신데
나는 그게 뭔지도 모른 채 그냥
'하나님이 나와 함께 계셔.' 라고 막연하게 생각만 하는 것과
하나님의 계획에 마음을 맞춰 그것이 이뤄져 가는 걸 함께 보는 것과는
정말 차이가 있는 거지.

어느새 수동적이고 습관적인 기도가 되었던
'하나님 뜻대로.'

내 삶의 주인이신 하나님과의 관계가
아쉬움도 만족도 없는 밍숭맹숭한 관계가 되는 건 싫어.
그렇기에 성령님과 좀 더 친해질 필요가 있어.

하나님 마음에 내 마음을 좀 더 맞춰가게 해주세요.

간혹 백화점 같은 곳에서 약간 흠이 있는 물건을
반값도 안되는 가격으로 세일하는 걸 볼 수 있지.

기성품은 이렇게 하자가 있으면
바로 불량품이 되어 가치가 떨어지지만,

타인이 나를 보는 기준은 지극히 세상적이고 기성품적인 관점.

그런 세상에 살면서 판단 받다 보니
자존감이 낮아져 스스로의 가치를 떨어뜨리는 사람들이 많은데,

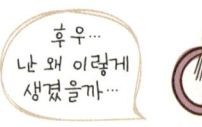

남이, 그리고 내가 나를 어떻게 생각하는지보다

하나님이 나를 얼마나 귀하게 만드셨고 사랑하시는 줄 알아야지.

우리도 세상적인 시각을 벗어나 하나님의 시각으로 봐야 해.
세상은 늘 크고 힘센 사자를 동경하게 만들지만
연약하고 작은 다람쥐도 하나님의 예술품인걸.

나는 왜 멋진 사자가 아닌가요!!

내가 사자라면 더 영광돌릴 수 있었을텐데!!

약한 쥐새끼인 내가 싫어요!

누가 그러디, 사자가 최고라고?

사람의 시각과 판단은 내게 절대적인 영향을 끼칠 수 없어.
하지만 내 주인, 나의 구주이신 하나님의 판단은 다르지. 그 사실을 안다면
내가 정말 신경 써야 할 것은 사람들이 보는 외관이 아니라
하나님이 보시는 내면이라는 것을 알 수 있을 거야.

니가
사자인지
다람쥐인지
토끼인지
신경 쓰기보다

사자로써
다람쥐로써
토끼로써
나를
사랑했으면
좋겠어.

Fin.

김네몽'S Talk Talk Talk

사람이 사람을 볼 때 외관을 보게 되는 건
옛날이나 지금이나 똑같은가 봐.
그 사무엘조차 다윗에게 기름 부으러 갔을 때
엘리압의 훤칠함만을 보고 예비된 왕으로 착각했을 정도면….

수많은 사람들과 함께 살아가면서 사람에게 판단 받다 보면
나 자신도 스스로를 세상의 기준으로 바라보게 돼.

하지만 우리는 세상에 사는 사람이기 이전에
하나님의 아들딸이란 걸 기억해야지.

내가 정말 중요하게 생각해야 하는 것은
세상이 나를 어떻게 생각하느냐보다
하나님이 나를 어떻게 생각하시느냐 잖아.
하나님이 나를 얼마나 아름답게 만드셨고 얼마나 사랑하시는지.

세상은 일률적인 가치 기준에 부합하는 기성품을 원해.
그 기준에 부합하지 못하면 가치가 없다고 여기지.
하지만 우린 하나님이 각자 다르게 만드신 예술품인걸.

하나님의 창조에 실수란 없어.
나는 실패작이 아니야.

혹 스스로를 비하하고 있다면
하나님의 창조 능력을 믿지 못하는 것이고
그건 결국 믿음 없는 모습과 다름없다는 사실.

나는 내 것이 아니야. 하나님 것이지.
하나님 것을 자랑스럽게, 그리고 소중히 여길 줄 알아야 해.

> 주님께서 사무엘에게 이르셨다.
> "너는 그의 준수한 겉모습과 큰 키만을 보아서는 안 된다.
> 그는 내가 세운 사람이 아니다. 나는 사람이 판단하는 것처럼
> 그렇게 판단하지는 않는다. 사람은 겉모습만을 따라 판단하지만, 나 주는 중심을 본다."
> 사무엘상 16장 7절

에어컨 하나 없이 푹푹 찌던 작년 여름.

너무 더워서 선풍기 바람조차 후끈!

불쾌지수 최고조!

밖에 나가도 덥고 집에 있어도 덥고,

더위에 완전 녹다운 되어 있을 즈음,

그런 날 불쌍히 여긴 아빠가 하사하신 에어컨!!!!

그때부터 나의 여름은 파라다이스가 되었지.

그때 문득, 천국을 바란다는 게 이런 게 아닐까 생각했어.
지금 이 현실이 힘들고 고달파도,

돌아갈 멋진 본향이 있기에 즐거울 수 있는 것.

지금 이 땅에서의 삶이 다가 아니잖아.
날 위해 마련된 하늘 고향을 그리며 오늘도 파이팅!

김네몽'S Talk Talk Talk

단기 선교를 가거나 오지 체험 같은 걸 가도
그 힘든 환경을 견뎌낼 수 있는 이유는
돌아갈 집이 있다는 걸 알고 있기 때문이지.

씻을 물이 없다면
몸을 더럽히는 것을 극도로 싫어하고 꺼리게 될 테지만,
몸을 씻을 목욕물이 있기에
진흙탕에 뒹구는 것이 두렵지 않은 것처럼.

그런 원리라고 생각해.

옛날의 힘든 기억들을 떠올릴 때
그 상황을 피하려고만 하고 도망치려고만 했으면
인생에서 지우고 싶은 끔찍한 악몽으로 기억될 것이고,
그 상황을 의미있게 보내려 애쓰며 하나님과 동행했으면
삶의 소중한 과정인 한 조각 추억으로 기억되겠지.

악몽인지 추억인지를 판가름 짓는 것은
그 당시의 내 상황에 대한 태도.

지금의 이 삶들이
천국에선 악몽으로 기억될지 추억으로 기억될지는

결국은 내가 하나님을 얼마나 의지하는가에 달린 것 같아.

눈에는 보이지 않지만,
돌아갈 본향이 있다는 것과 그곳의 주인이신 분을 믿는 믿음으로
이 땅에서의 고달픈 삶을
피하려고만 하는 게 아니라 누리도록 하자고 다짐하는 하루.

> 그러나 사실은 그들은 더 좋은 곳을 동경하고 있었던 것입니다.
> 그것은 곧 하늘의 고향입니다.
> 그래서 하나님께서는 그들의 하나님이라고 불리는 것을 부끄러워하지 않으시고,
> 그들을 위하여 한 도시를 마련해 두셨습니다.
> 히브리서 11장 16절

세상의 소리에 귀 기울이기 시작했다는 건
믿음이 약해져 있다는 것….

Fin.

김네몽'S Talk Talk Talk

언제부터인지
세상의 가치에 맞추려 노력하고,
세상의 소리들에 귀 기울이고 있는 나를 봤어.

만물의 주관자이신 큰 하나님의 은혜를 붙드는 것보다,
세상의 얄팍한 기준과 잣대에 마음이 흔들리고 있는 나를 발견한 거지.

그리고 그것을 깨달은 순간 나의 이다지도 믿음 없음에 통곡했어.

현재의 내게 정말 중요한 것이 무엇인지 다시 체크해 보자.
타이밍을 놓칠까 봐 전전긍긍하고,
기회를 놓칠까 봐 조급해하는 모습보다
잃은 믿음을 회복하는 것이 먼저….

내게 오는 모든 기회와 타이밍을 만드시는 분도
하나님이다.

> 여러가지 이상한 교훈에 끌려 다니지 마십시오.
> 음식 규정을 지키는 것으로 마음이 튼튼해지는 것이 아니라,
> 은혜로 튼튼해지는 것이 좋습니다.
> 히브리서 13장 9절

Part. 3
HUG

하나님께 드리는 달콤한 러브레터, 기도.

답장 쓰기
놀이.

헤헤

꼭 성경을 붙들고 있어야만
하나님을 만나는 것은 아니며

꼭 교회에서 기도를 해야만
하나님을 만나는 것은 아니야.

사실 이것은 틀린 말은 아닌데

사단은 이걸 아주 교묘하게 이용해.

난 하나님을 떠나지 않고 있어… 라는 것을
느낄 정도의 생활은 내버려 두지만

하나님과 더 깊이 친해지는 생활은 슬쩍 차단해.

그러다 보면 나는
하나님을 떠나서 살 수 없는 사람은 맞지만,

하나님과 깊이 친하지는 않은 사람이
되어가는 거야.

안되겠다 싶어 Q.T.를 다시 시작했어.

하나님 더 깊이 알기.

Fin.

김네몽'S Talk Talk Talk

연애할 때,
상대를 진심으로 사랑해서 연애하는 것과
그저 나한테 맞춰 주는 애인이 필요해서 연애하는 건 다르지.

하나님을 믿는다고는 하지만
정작 하나님에 대해 하나도 모르고, 친하지도 않고,
예수님을 내 맘에 영접했다고는 하지만
그냥 꿔다 놓은 보릿자루처럼 마음 한구석에 박아둔 채 별 관심도 없어.

나도 모르는 사이, 하나님을 그저
내 소원 들어주는 램프의 지니 정도로만 대했던 경우가 많은 것 같아.

하나님이랑 진짜 연애를 해야지.
그러려면 하나님을 더 깊이 알아야지.
그렇기 때문에 성경을 더 많이 봐야지.

> 주님, 주님께서 나의 간구를 들어주시기에, 내가 주님을 사랑합니다.
> 시편 115편 1절

김네몽's 신앙일기

사랑은 일방이 아닌 쌍방!

어떤 사건이 있을 때,

전체를 알지 못하면 그 부분을 온전히 이해할 수 없잖아.

베드로와 고넬료의 환상. 사도행전 10장

난 여지껏 베드로의 환상, 그 한 부분만 보면서

베드로의 분별없음만을 묵상했었어.

그 당시 기도하면서 성령 충만했던 베드로가
왜 하나님이 먹으라고 한 그것들에 대해
곧바로 받아들이지 못했던 걸까... 라고 말이지.

그런데 시야를 조금 넓혀 보니,

하나님의 관심이
베드로가 틀린 것에 있는 것 같지 않더라구.

왜냐하면 하나님은 베드로와 고넬료를 통한 이방인의 구원이라는 목적을 가지고 계셨거든.

그래서 이방인 고넬료에게 환상을 주셨는데,

베드로는 이제껏 이방인이 부정하다고만 알았을 테니

사전 작업이 필요하셨던 거지.

하나님은 그때 베드로의 분별력을 테스트하러 가신 게 아니라 당신의 목적을 이루기 위해 설명을 하러 찾아가셨던 거야.

그러니 이건 베드로가

...라며 통탄할 문제도 아니라는 거지.

일의 과정 한 토막만으로는 전체를 볼 수 없어.
전체적인 흐름 속에서 그 과정이 온전히 이해되는 거니까…

내게 어떤 상황이 왔을 때, 그 사건으로만 판단하기보다
시간을 두며 흐름을 생각해 보는 것도 하나의 적용이 되겠지…?

Fin.

김네몽'S Talk Talk Talk

> 베드로가 대답하였다. "주님, 절대로 그럴 수 없습니다.
> 나는 속되고 부정한 것은 한 번도 먹은 일이 없습니다."
> 그랬더니 두 번째로 음성이 다시 들려왔다.
> "하나님께서 깨끗하게 하신 것을 속되다고 하지 말아라."
> 사도행전 10장 14-15절

베드로가 분별력이 없었던 게 아니라
베드로가 그동안의 관념들로 인해 생각지 못한 것을
하나님이 친절히 설명해 주신 거라는 사실이
굉장히 은혜가 되더라.

사람은 자신의 배경과 지식, 고정관념의 틀에서만 생각을 해.
베드로도, 이방인이 부정하다고 배워왔기 때문에
그 생각이 당연히 옳다고 믿으며 살아왔겠지.
실제로 베드로가 고넬료와 접촉했다는 이야기를 들은 할례자들은
베드로에게 비난을 쏟아내(사도행전 11장 2절).

그래서 하나님의 계획에 걸림돌이 될 수 있었던 것을
하나님이 친히 찾아가 설명하시고,
베드로를 하나님의 뜻을 이루시는 도구로 쓰셨던 거야.

사람은 누구나 잘못 생각하거나 착각할 수 있어.
이제껏 쌓아온 과거의 경험과 그 지식의 토대로 살아가는 거니까.

하지만 내가 잘못 생각하고 있는 것으로
하나님이 날 시험하시는 게 아니라
그걸 바로 잡아주시고 새로운 기준을 세워 주신다는 사실에
마음이 굉장히 평안해져.
정말 감사하고 감격스러워.

내가 쌓아온 지식보다 하나님이 먼저라는 걸….
그래서 성경을 전체적으로 보는 게 중요하다는 걸 말하고 싶어.
하나님이 그걸 알려주시지 않아서
계속 베드로의 분별력만 묵상했더라면
아마 오래도록 한 문제에만 집착하며 힘들어 했을지도 몰라.

 말씀 응답

기도하다 보면

앞으로의 작품 방향에 대해서…

어떻게 해야 대박이 나나요. 아이템 좀…

하나님이 주시는 마음이나 감동이 있는데

쇼쇼쇽

오?

그게 기도의 응답일 경우,

김네몽 넌 내 영광을 위해서만 그림을 그려.

받은 그 순간엔 마음이 벅차 감격하지만

네.
하나님 영광을
위해서만.

내가 요즘 너무
세상적이었죠.

시간이 좀 지나면 감격의 기쁨이 흐려지거나
그 일이 마치 꿈속의 일이었던 양 아리송한 경우가 많아.

그게 내 맘대로
떠올린
마음이었나?

내가 잘 나가야
하나님도
좋은거 아냐?

대중성이
너무 없어도
안될 것 같은데…

음…

그래서 나는
그렇게 마음으로 응답을 주신 경우

말씀으로 확증시켜 달라고 다시 졸라.

그렇게 묵상을 해나가다 보면
꼭 그 순간이 아니더라도 언젠가는
응답 받은 마음에 대한 말씀을 주시는데,

그렇게 말씀으로 확증받고 나면

다시는 낮에 해가 네 빛이 되지 아니하며
달도 네게 빛을 비추지 않을 것이요
오직 여호와가 네게 영원한 빛이 되며
네 하나님이 네 영광이 되리니
::이사야 60:19::

하나님만
내 빛…!!

적어도 내가 기도한 그 일에 대해선
확실하게 붙들 수 있는 기둥이 생긴 셈이지.

세상도 변하고 사람도 변하고
열정도, 마음도, 시간이 지나면 퇴색되는데….

그렇기 때문에 변하는 것들에 의존하지 말고
확실한 반석 위에 설 줄 알아야 해.

말씀은 절대 흔들리지 않아.

변하지 않는 굳은 약속 말씀,
그것을 붙드는 연습…!

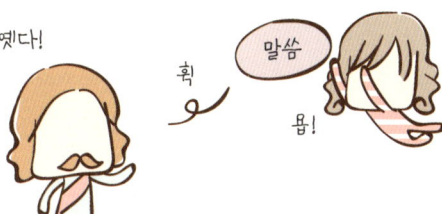

김네몽'S Talk Talk Talk

그때그때 즉각적인 응답을 받는 경우.
예를 들면 이번 주 안으로 등록금이 꼭 필요했는데 그 돈이 생겼다던가…
이런 경우엔 응답 자체로 상황 종결이 되지만

앞으로의 비전이나 미래에 대한 약속 같은
장기적인 응답의 경우엔
그 약속은 내가 거기에 도달하기까지
흔들리지 않는 푯대가 되어야 해.

근데 응답 받은 상황에서의 내 마음이나 감정에 의존하면
그건 오래 못 가. 금방 흔들리고 마는 경우가 많아.
사람은 연약한 존재니까.

그래서 난 말씀으로 응답 받는 연습을 해.
지금 주신 이 마음을 말씀으로 확증시켜 달라고.
그러면 말씀을 보는 중에
응답 받았을 때의 마음과 같은 감동이 오는 구절이 있는데
그걸 묵상하고 내 말씀으로 받아 쥐지.
그리곤 절대 놓지 않는 거야.

내 마음이나 감정이 상황에 따라 변하더라도
말씀은 변하지 않기 때문에
약속까지 도달하기 위한 확실한 기둥이 되고,
우리는 그걸 붙들고 나가면 돼.

실제로 대학교 시절에 이렇게 받은 말씀으로
취업에 몸 사리지 않고 평안한 마음으로 학교를 다녔고
큰 인생 비전에 대해 주신 말씀도
내가 힘들 때마다 붙들 수 있는 기둥이 되어주고 있거든.

당시엔 이해하지 못했어도
하나님의 때에 따라 그 말씀이 내 인생에 풀어지는 것을 볼 때면
그건 정말 어메이징, 어메이징이지.

> 태초에 '말씀'이 계셨다.
> 그 '말씀'은 하나님과 함께 계셨다. 그 '말씀'은 하나님이셨다.
> 요한복음 1장 1절

 다윗의 시편

시편을 쭉 읽다가 파수꾼 이야기를 보게 됐어.

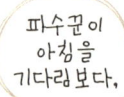 파수꾼이 아침을 기다림보다,

 내 영혼이 주를 더 기다리나니.

사실 파수꾼이 아침을 기다린다는 게
얼마나 큰 기다림인지 잘 실감은 못하겠지만,

택배 기다리는 마음?

내 생일 기다리는 마음?

퇴근 시간 기다리는 마음?

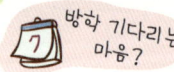 방학 기다리는 마음?

 248　김네몽's 신앙일기

보통, 연애편지 쓸 땐 다들 시인이 되잖아.
그만큼 사랑에 취하면
마음이 벅차올라 감성이 충만해지는 거야.

그걸 깨닫는 순간,

그 마음을 그렇게 시적으로 비유해서 표현한 다윗이
하나님을 얼마나 많이 사랑하고 찾았는지,
또 그 사랑이 얼마나 컸는지 느껴지더라….

하나님을 정말, 굉장히, 참 많이… 사랑했구나…

다윗은 하나님 마음에 합한 자였지. 그게 괜히 그런 게 아니었어.
시편 대부분이 그렇게 말해 주고 있는 걸.

다윗은 무수한 시편을 쓸 만큼
정말 하나님을 절절하게 사랑했고 하나님도 그걸 아셨던 거야.

다윗이 하나님을 온 맘 다해 사랑했던 것처럼
나도 하나님을 그렇게 많이 사랑하고 찾을 수 있을까…
하나님이 보시는 당신을 향한 내 사랑의 크기는 어느 정도일까…

하나님…
나도 다윗처럼…

하나님을
더 많이, 더 깊이
사랑하게 해주세요…

김네몽'S Talk Talk Talk

> 내 영혼이 주님을 기다림이 파수꾼이 아침을 기다림보다 더 간절하다.
> 진실로 파수꾼이 아침을 기다림보다 더 간절하다.
> 시편 130편 6절

파수꾼이 아침을 기다림보다 내가 주를 더 기다린다는 표현.
그런 시적인 비유.
다윗의 그런 표현법을 깨닫는 순간 뭔가 신선한 충격을 느꼈어.

보통, 평소에 글을 쓸 땐
굳이 시적인 비유까지 들어가며 글을 쓰진 않잖아.

사랑하는 사람을 생각하면 저절로 시인이 되는 연인들처럼,
다윗은 하나님을 향한 그 사랑에 취해 정말 많은 시들을 썼고
그게 수백 편에 달해 시편이라는 한 권의 책이 되었지.

하나님을 향한 다윗의 그 엄청난 사랑이 마음에 깨달아져
굉장히 숙연해졌었어.
하나님은 다윗의 그 사랑을 아셨던 거야.
그래서 내 마음에 합한 자라고 하셨던 거야.

하나님 마음에 합한 김네몽입니다.

항상 날 소개할 때 소개 멘트로 날리는 말인데
감히 내가…
감히 내가 그 다윗의 별칭을 다다 붙일 수 있을만한 사람일까.

다윗이 하나님을 얼마나 사랑했는데
내가 감히 그 '합한 자' 라는 명칭을 써도 되는 걸까.
하나님을 향한 내 사랑의 크기는
다윗과는 비교도 안될 텐데….

나도 다윗처럼
온 맘 다해 하나님을 바라고 찾고 사랑하고 싶어.

 간절함

다윗과 밧세바의 첫 아이.

응애

그 아이는 안타깝게도
태어나자마자 병에 걸려 결국 죽게 돼.
사무엘하 12장

엄마 아빠 안녕.

헐! 아가!

하나님은 충분히 아이를 살리실 능력이 있으셨고,
실제로 그 아이를 살려주실 수도 있었을 거야.

까꿍까꿍

하지만 그 아이는 범죄 중에 생긴 아이였고,
사무엘하 11장

그랬기 때문에 다윗이 간절히 기도했어도
아이를 치신 거라고 생각해.

내가 시험에서 1등을 하든 꼴등을 하든
남친이랑 헤어지든 계속 만나든
그건 사실 하나님의 큰 계획에 비추어보면
그리 크게 상관할 문제는 아니실 거야.

  다 과정인겨.

하나님은 우리가 간절함을 가지고
아빠한테 매달리는 모습을 보고 싶으신 게 아닐까.

엥...
아빠...

정말 안되는 이유 아니고서야
자식의 간절함이 아빠 마음을 움직일 수 있는 거 아니겠어…?

매사를 "하나님 뜻대로 되겠지…." 하고 방관하는 것과
그 문제에 대해 진정 자유한 것과는 분명히 달라.

Fin.

김네몽'S Talk Talk Talk

'하나님 뜻대로' 라는 건 당연히 우리 삶의 태도가 되어야 하지만,
이게 한 끗 차이로 믿음의 매너리즘이 되어버려서
방관, 혹은 무관심이 되는 경우가 많아.
'될 거면 되고 아니면 말겠지.' 이런 식이 되는 거지.

이런 딸의 태도는 아빠에겐 달갑지 않은 태도였을지도.

> "아이가 살아 있을 때에 내가 금식하면서 운 것은,
> 혹시 주님께서 나를 불쌍히 여겨 주셔서,
> 그 아이를 살려 주실지도 모른다고 생각하였기 때문이오.
> 그러나 이제는 그 아이가 죽었는데, 무엇 때문에 내가 계속 금식하겠소?
> 내가 그를 다시 돌아오게 할 수가 있겠소?
> 나는 그에게로 갈 수 있지만, 그는 나에게로 올 수가 없소."
> 사무엘하 12장 22-23절

다윗은 그 아이를 살려 달라고 정말 간절히 기도했어.
지켜보던 신하들이 걱정할 정도로.
그런데 결국 아이는 이레 만에 죽었고,
신하들은 다윗이 상심할까 봐 그 사실을 차마 말하지 못하고 있었지.

그런데 오히려 다윗은 그 소식을 듣자마자
훌훌 털고 일어나 옷을 입고 음식을 먹었어.

김네몽's 신앙일기

이게 바로!! 다윗에게 본받아야 할 태도라고 생각해.

소망이 있으면 '하나님 뜻대로~' 하면서 다리 꼬고 건들건들 하지 말고
정말 간절함을 가지고 구해봐.
사실 내가 바라는 사소한 소원들은
하나님 입장에선 들어줘도 크게 상관 없을 거라구.

중요한 건 그렇게 구했는데도 하나님이 그걸 들어주시지 않았을 때,
그 뜻에 순종하고 훌훌 털어 버린 다윗의 태도야.

거기서 갈라지지. 원망과 불평이냐, 순종과 감사냐.

아무렴 내 하늘 아빠가,
세상 모든 권세를 가지고 계신 내 천하무적 아빠가,
능력이 없어서 못 주셨겠어, 나 골탕 먹이려고 안 주셨겠어?
그런 치사한 아빠 아니잖아. 다 이유가 있어서 그런 거야.

그럼 난 거기에 "네!" 하고 고개 숙여야지.
탐나는 게 있어서 달라고 땡깡 부리다가도
아빠가 "안돼!" 하면 "네!" 해야지.
그래야 예쁜 딸이지. 아무렴.

내 많은 기도 제목 중의 하나 '지혜'

근데 아무 생각 없이 그저 습관처럼 기도하던 지혜도
목적이 있다는 걸 깨달아 버렸어.

그건 이제껏 생각해보지 못한 것이었지.

내가 그동안 지혜를 구했던 상황을 살펴보면,

싸우기 싫어서.

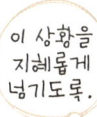

일 처리 잘되라고.

점수 잘 받으려고.

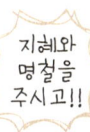

그냥 좋은 거니까.

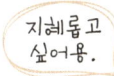

대부분 이런 이유들이었는데,

따지고 보면 그건 다 내 이익을 위한
'꾀'를 필요로 했던 것 뿐, 거기에 하나님은 없었던 거야.

잠언은 내 지혜가 하나님을 즐겁게 한다고 말해.
그건 결국, 참 지혜라는 건 하나님을 즐겁게 하는 법인 거지!

사람과의 관계를 보기 좋게 풀어 나가는, 단지 그것이 지혜가 아니라

그 모습을 보고 기뻐하실 하나님을 바라는 것,

설사 내 생각과 다르더라도
하나님이 즐거워하시는 방법에 따르는 것, 그게 지혜.

기도할 때 항상 잘 분별해야 할 것 같아.
내가 구하는 게 세상살이에 필요한 잔꾀인지
하나님을 즐겁게 하는 지혜인지.

김네몽'S Talk Talk Talk

솔로몬이 지혜를 구했더니
하나님이 기뻐하셨다는 성경의 한 구절(열왕기상 3장).
그 후로 솔로몬의 지혜는
믿음 좋은 사람이 구하는 은사의 대명사처럼
내 기도 제목의 하나로 자리 잡고 있었지.

이제껏 내가 지혜를 구했던 건
내가 밉보이기 싫어서,
골치 아픈 일이 생기는 게 싫어서,
내 계획대로 안되는 게 싫어서 등
다 내가 잘 되기 위함이 목적이었어.
솔로몬과 똑같이 지혜를 구했지만 목적이 달랐지.

어찌 보면 그건 지혜를 사모한 것이 아니라
세상살이의 꾀나 요령이 필요했던 것뿐인 거야.

같은 기도라도,
목적이 다르면 다른 기도가 되지.
사람은 몰라도 하나님은 그 중심을 아시니까.

단순히 인간관계를 부드럽게 풀어가는 게 지혜가 아니라
그 모습을 보고 기뻐하실 하나님을 바라는 것, 그게 지혜.

내 사업 이익을 위해 잘 처신하는 게 지혜가 아니라
그 상황에서 하나님이 즐거워하시는 내 모습을 구하는 것, 그게 지혜.

설사 내 생각이 A라고 해도,
남들 보기에 다 A가 옳다고 해도,
하나님이 B라고 하신다면 B에 따르는 게 지혜로운 것.

지혜는 사람의 유익을 위한 게 아니야.
어떻게 처신해야 하나님이 즐거워하실지를 구하는 것이 지혜다.

> 내 아이들아, 너의 마음이 지혜로우면, 나의 마음도 또한 즐겁다.
> 잠언 23장 15절

하나님을 즐겁게 하는 사람,
지혜로운 사람.
결국 지혜로운 자라는 건 하나님이 판단하실 수 있는 것.

 **세 친구**

느부갓네살 왕이 세운 금 신상.
거기에 절하지 않아서 용광로 불에 던져진 다니엘의 세 친구 이야기.
다니엘 3장

하지만 그 뜨거운 불길 속에서 세 친구는 흠 하나 없이 살아나왔어.

느부갓네살 왕은 깜짝 놀라 세 친구가 믿는 하나님을 찬양하고
그들의 지위를 더 높여줬지.

결과적으론 세 친구가 당당히 살아 나왔고
왕도 그걸 인정했으니 굉장히 뽀대나는 상황이 된 거지만,

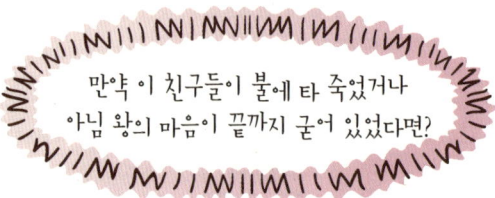

만약 이 친구들이 불에 타 죽었거나
아님 왕의 마음이 끝까지 굳어 있었다면?

나는 주변의 조롱 속에서 하나님을 드러내야 하거나
크리스천으로서 타협할 수 없는 일이 있을 때,

음… 전 크리스천이라 그런건 좀…

피식
아, 교회 다녀요?

하나님이 결국은 상황을 뒤집어서 날 높여주시길 기대해.

그래서 그 당시 날 조롱하고 비웃었던 사람들에게
그것 보라고 소리치고 싶은 혈기가 있어.

혹은 같잖은 우월감으로 그 사람들을 불쌍히 여기기도 하지.

진심 어린 긍휼함이 아닌 싸구려 빈정거림.

그렇기 때문에,

내 생각대로 하나님이 날 높이시지 않을 때
원망과 불평이 터져올 수 있어.

그리고 이건 반대로
남을 정죄하는 기준이 되기도 하지.

세 친구가 불 속에서 살아나올 걸 예상했을까?
왕이 자기네들을 인정할 거라는 사실을 예상하고 불 속에 뛰어든걸까?

하나님이 우리를 건져 주실 거예요.

하지만 주님이 안 그러셔도 우린 그 신상에 절하는 짓은 하지 않겠어요.

그들에겐 하나님이 불 속에서 건져 주시든 안 건져 주시든
그런 결과적인 게 중요한 게 아니었어.

그들은 그저, 하나님을 따랐을 뿐이야.

잔머리 굴리지 않고
그저 잠잠히 하나님만 따르는 것.

하나님... 내게 그런 모습이 있었으면 좋겠어요.

Fin.

김네몽'S Talk Talk Talk

사람에겐 누구나 보상 심리라는 게 있고
그건 하나님을 대할 때도 작용해.
내가 이렇게 했으니 하나님도 나한테 이렇게 해줘야 한다는 거야.
내가 손해보는 것 같은 상황에선 특히 더 그래.
물론 하나님이 보상을 안 해주시는 게 아닌데,
내가 생각하는 보상이라는 건 말 그대로
세상적인 성공에 기반해 있기 때문에 문제가 되는 거지.

불에 타 죽을 걸 뻔히 알면서도 불 속에 뛰어들 수 있겠어?
결국 왕에게 멸시받고 불에 타 없어져서
사람들이 하나님이 어딨냐고 손가락질 할 걸 뻔히 알면서도
불 속에 뛰어드는 게 지혜로운 선택이라 판단할 수 있겠어?

세 친구에겐 그게 중요한 게 아니었어.
설사 그 말로가 비참해서 사람들이 자기들을 조롱하든지
혹은 기적의 주인공이 되어 영웅으로 인정받든지
그들에겐 그런 건 아무 상관이 없었어.

그들은 신상에게 절하며 하나님을 배신하는 짓 따윈 할 수 없었고
그래서 눈에 보이는 보상에 상관 없이
그저 잠잠히 자기들의 신앙을 지켰을 뿐이야.

"주님, 내가 여기서 주님을 따랐는데
혹시 잘못되면 사람들이 하나님을 더 조롱하지 않겠어요?
그러니 필히 날 높이고 세워 주셔야 합니다!"

세상적인 보상 심리를 교묘히 포장한 잔머리.

그런걸 니가 왜 걱정하니 김네몽아.
너 안 높여주시면 하나님이 욕 먹니?
욕 먹는다고 하나님 권세가 땅에 떨어지니?
하나님이 너 안 높여 주시면, 넌 하나님 안 따를 거니?

알맹이도 없는 허황된 껍데기,
어차피 버려지는 과대 선물 포장 다 뜯어내고
잠잠히 하나님만 바라는 순전하고 진실된 보석으로만 남았으면 좋겠다.

> "불 속에 던져져도, 임금님, 우리를 지키시는 우리 하나님이
> 우리를 활활 타는 화덕 속에서 구해 주시고, 임금님의 손에서도 구해 주실 것입니다.
> 비록 그렇게 되지 않더라도, 우리는 임금님의 신들은 섬기지도 않고,
> 임금님이 세우신 금 신상에게 절을 하지도 않을 것입니다. 굽어살펴 주십시오."
> 다니엘 3장 17-18절

하나님을 우선순위에 둔다는 것.

이 말은 많이 들어왔고
또 그래야 한다는 것도 아는데

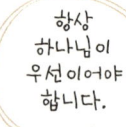

하나님을 우선하는 삶이라는 게 구체적으로 뭘까.

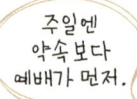

물론 하나님이 옆에서 직접
이래라 저래라 말씀해 주시면 편하겠지만

그게 아니니까 말씀이 기준이 되어야지.

예를 들면 이런 거야.
만일 내가 누군가와 심하게 싸웠거나,
용서하지 못하는 상대가 있어.

그 때 이런 말씀들이 귀에 들어왔어.

분을 내어도
죄를 짓지 말며
해가 지도록
분을 품지 말고
에베소서 4:26

용서하라
그리하여야 하늘에 계신
너희 아버지께서도…
마가복음 11:25

마음이 불편해지기 시작하지.

아… 씨
성경 읽지 말걸…
?!

그냥 설교 듣지
말걸…
?!

그런 상황에서 말씀대로 내 마음을 굽히는 게 쉬운 일은 아니야.
내 자아라는 건 생각보다 고집이 세서
상대에게 굽히기 싫고 지기 싫은 거지.

근데 이런 모든 문제는
내가 문제의 대상에게 굽히냐 마느냐를 떠나
하나님 말씀에 순종하느냐 아니냐의 관점으로 봐야 해.

다윗도, 선지자 나단이
밧세바 사건을 꼬집어 얘기할 때,
사무엘하 12장

우리야를
죽게 하고!!!
밧세바를
뺏었죠!!!

화들짝!

왕으로서 그런 치사한 짓을 했다는 걸
딱 걸린 수치심이라든지
추락한 왕의 체면이라든지 그런 걸 염려해서
잡아떼거나 합리화시킬 수 있었어.

증거 있어?!
증거 있냐고!?

감히 왕에게
면박을 주다니!

하지만 다윗은 그런 왕의 체면 따위 다 버리고
나단 앞에서 바로 회개했지.
그렇게 말씀 앞에 즉시 '나'를 버릴 수 있었기에
하나님이 그토록 다윗을 예뻐하신 거라고 생각해.

내 자아와 하나님이 대립하게 될 때
나를 꺾고 하나님 말씀을 따르는 것.
그것이 하나님을 우선하는 삶 아닐까.

김네몽'S Talk Talk Talk

우선순위에 대한 애매한 개념.
옛날엔 '우선순위 = 하나님 일 = 교회 일' 이라고
단순하게 생각해버린 경우가 많았던 것 같아.

근데 하나님 일이라는 건 단순히 교회 일에만 국한되어 있는 게 아니지.
하나님은 교회에만 계신 게 아니잖아.
교회 일만 잘 챙긴다 해서
교회 일 외의 내 삶은 내 멋대로 살아도 된다는 게 아니라는 거야.
교회 안에서 천사처럼 사람들에게 온화하게 웃다가
밖에선 사람을 깔보고 무시해도 되는 게 아닌 것처럼.

내 모든 삶에 있어 하나님이 우선순위가 되는 삶.

내가 학교에서 공부하고, 직장에서 일하고,
친구를 만나고, 부모님을 대하고, 연애를 하고,
화를 내고, 슬퍼하고, 싸움을 하고, 기뻐하고, 행복해 하고,
밥 먹고, 씻고, 자는 그 모든 일에 하나님이 우선이 되어야 해.

하지만 어떻게?
하나님이 눈에 보이는 팅커벨처럼 늘상 내 옆을 따라다니시며
"김네몽~ 이럴 땐 이렇게 하고~ 저럴 땐 저렇게 하렴~"
요렇게 들리는 소리로 설명해 주시는 게 아니잖아.

그래서 기준 삼아야 하는 게 말씀이라고 생각해.

삶 속에서 말씀에 순종하는 것.

이론적으론 마음먹은 대로 될 것 같지만
막상 상황이 닥치면 내 마음, 내 고집 내려놓기가 정말 힘이 들어.

보통은 자기 상태에 대해서도 잘 몰라서
그것이 내려놓아야 할 자아라는 것 자체를 인식하지 못할 뿐더러
그렇게 말씀에 마음이 부딪힌 걸 깨달았다 해도
이런저런 이유를 들며 자기 고집에 대한 합리화까지 시켜버리니….
그래서 자기 자아를 부인하는 게 그렇게 어려운 거라고들 하나 봐.

좀 더 쉽게 설명하기 위해서 만화에서 든 것처럼 싸움을 예로 들면,

끊임없이 되풀이되는 싸움에
잔뜩 화가 나 마음이 굳어지고 상했어.
근데 그렇게 마음이 상해 하나님께 하소연하고 있을 때 어떤 말씀을 통해
'용서하고 사랑하고 품으라' 는 메시지가 내 맘에 들어온 거지.
물론 상황에 따라 사람에 따라 하나님이 주시는 메시지는 다를 수 있어.
여기선 먼저 용서하고 품으라고 한 게 메시지였다고 치자.

근데 하나님이 주신 그런 메시지와 별개로
내가 먼저 미안하다고 하면 왠지 지는 것 같고
내가 여기서 화를 금방 풀어주면 저쪽이 날 만만하게 볼 것 같아서
독하게 굴어 저쪽의 버릇을 고쳐놔야겠다는 생각이 들어.

하나님이 주신 마음과 내 마음이 충돌해.

게다가 주변에서마저
그렇게 은근슬쩍 넘어가면 다음에 또 저럴 거라며
절대 먼저 굽히지 말라고 부추겨.

결국, 이런 게 밀고 당기기의 지혜라고,
혹은 이렇게 해서 저 사람을 변화시켜야겠다고,
이게 상대를 위한 거라고,
스스로의 행동을 합리화시키는 데 이르지.

그럼 그게 뭐야.
결국 난 내 자아를 말씀 앞에 꺾지 못한 거고
하나님을 우선으로 두지 못한 거야.

근데 여기서 문제는 뭐냐면,
문제 상황은 사람과 사람이 일으켰을지라도

그 다음 문제는 그 사람과 나의 문제가 아니라
하나님과 나의 문제가 된다는 것.

내가 그 사람한테 굽히고 안 굽히고가 문제가 아니라
하나님께 순종했느냐 안 했느냐의 문제가 된다는 거지.

내가 정말 하나님을 의식하고
하나님을 두려워하는 마음이 있다면,
상대가 나를 어떻게 생각하든
'사람'의 시선 따위 의식하지 말고
'하나님'께 무조건 엎드려야지.
'말씀' 앞에 무조건 나를 꺾어야지.

사업에 관해서든, 인간 관계에 관해서든,
내 삶의 모든 순간마다
이익 더 얻자고, 알량한 자존심 부리자고, 체면 차리자고,
불순종을 택하는 행동 자체가
하나님을 우선으로 두고 있지 못하다는 증거.

그 때에 다윗이 나단에게 자백하였다. "내가 주님께 죄를 지었습니다."
사무엘하 12장 13절

보통, 기쁨이란 것은

남이 나에게 주는 것,
환경이 나에게 주는 것이라고 생각하기 쉽지.

그래서 우린 그렇게
주변 상황들에 좌지우지되며 살아가는 경우가 대부분.

 김네몽's 신앙일기

하지만 하나님은 우리에게 항상 기뻐하라 하셨어.

그렇다면 그건 하나님이 우리에게
얼토당토않은 불가능한 말씀을 주신 걸까…?

기쁨과 감사는 주변 상황에 좌지우지되는 것이 아니라
내 안의 그리스도로부터 나오는 능력이 되어야 해.

기쁨과 감사의 이유가
환경에 의한 조건적인 것이라면,

하지만 내 안에 모셔들인 하나님은 영원하시잖아.

내가 원하는 대로 일이 흘러가지 않더라도

하나님이 나와 늘 함께 하신다는 그 변치 않는 사실이
내 기쁨이 되고 중심이 된다면

그것보다 더 큰 능력은 없는 거지.

그렇게 되면 이전과 같은 상황에서도
다른 반응을 보이는 자신을 발견할 수 있을 거야.

내 행동이나 감정의 근원이 환경에 있지 않고
하나님께 있는 것으로 바뀌기 때문이지.

사울에게 쫓기면서 누구보다도 불평이 컸을 법 했던 다윗도
주인 되신 하나님으로 인해 늘 기뻐하고 찬양했어.

이걸 그저 현실감 없는 성경 속 이야기로만 볼 게 아니라
내가 다윗이 되어 그 능력을 누릴 수 있어야 한다고 생각해.

Fin.

김네몽'S Talk Talk Talk

> 주님은 언제나 나와 함께 계시는 분,
> 그가 나의 오른쪽에 계시니, 나는 흔들리지 않는다.
> 주님, 참 감사합니다. 이 마음은 기쁨으로 가득 차고,
> 이 몸도 아무 해를 두려워하지 않는 까닭은,
> 주님께서 나를 보호하셔서 죽음의 세력이 나의 생명을 삼키지 못하게 하실 것이며
> 주님의 거룩한 자를 죽음의 세계에 버리지 않으실 것이기 때문입니다.
> 시편 16편 8-10절

예수를 믿음으로 인해 나타나는 가장 큰 변화는 내 마음의 기쁨과 평안.

기쁨이 조건적인 것이라면
그 조건이 충족되지 못할 때의 나는 항상 불행한 사람인 거잖아.
아니 그보다, 그 조건이란 게 충족되기나 할까?

부자가 되고 싶다는 소망,
그 부자의 기준은 대체 재산이 얼마나 있어야 충족되는 건데?
좋은 사람 만나고 싶다는 소망,
그 좋은 사람의 기준은 대체 얼마나 내 맘에 들어야 충족되는 건데?

늘 '좀 더, 좀 더!'를 외치는 인간에게
조건으로 충족되는 만족이란 아마도 없을 거야.

> **항상 기뻐하십시오.**
> 데살로니가전서 5장 16절

살다보면 상황이 절망적이거나 우울할 수 있지.
하지만 그게 어째서 절망적인 상황인 건데?
내가 이 세상을 사는 목적이 뭔데?

하나님의 영광을 위해서 지음 받은 나.
내 모든 삶이 하나님께 달려 있다는 것을 기억하고,
내 안의 예수님으로 인해 기뻐할 수 있다면,
예수님으로 인해 그 상황에서 벗어나 금방 기쁨을 회복할 수 있다면,
그건 정말 그 어떤 것보다 더 큰 능력이 될 수 있어.

이건 그저 '아멘' 하며 흘려듣고 마는 이론이 아니라
내 삶에 적용되는 실제가 되어야 해.

인식, 항상 인식하는 것이 중요해. 안 좋은 상황이 왔을 때,
내가 절망에 빠지는 건 당연한 거라고 스스로를 합리화하지 말고
기쁨의 능력을 발휘할 수 있는 기회라는 걸 인식하기.
그리고 예수님을 찾자. 고백하자.
이런 때에도 하나님이 내 곁에 있어서 감사하고 기쁘다고. 행복하다고.
그리고 정말 기뻐하는 거지!

기쁨이란 것은 상황이나 환경에 좌지우지되는 감정이 아니라
내 안의 예수 그리스도로부터 나오는 능력이야.

화려했지만 인생이 공허했던 한 여자.

그런데 이게 웬일.
끝이라 생각했던 게 끝이 아니었어.

게다가 이생에서보다
더 괴롭고 힘든 곳에 와 버렸네.

세상에서 인정받고 잘 나가던 한 남자.

충실히 삶을 살다가
때가 되어 생을 마감하게 되었어.

그런데 이게 웬일.
내가 이상한 곳에 와 있네.

나의 화려한 업적과 선한 행적을 생각해 보면
이런 곳에 있을 순 없는 건데,

완전 뒤통수 맞았네.

Epilogue

요즘 이런 생각을 해.
이 세상에서의 삶이 전부라고 생각하며 살던 사람들은
정작 생이 끝났을 때,
자신이 던져진 곳을 보며 얼마나 황당해할까.

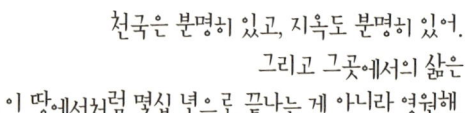

천국은 분명히 있고, 지옥도 분명히 있어.
그리고 그곳에서의 삶은
이 땅에서처럼 몇십 년으로 끝나는 게 아니라 영원해.

그래서 난 지금 미리 알려주는 거야.
그 때가 되어서 전혀 몰랐던 것처럼 고통스러운 그곳에서 당황해하지 말고,
지금부터라도 예수님 붙들라고.

천국은 고통도 슬픔도 없는
사랑과 기쁨으로 충만한 곳이지.

우리 다같이 천국에서 만나!

Fin.

김네몽's 신앙일기

초판 1쇄 인쇄 2012년 2월 13일
초판 15쇄 발행 2021년 5월 3일

지은이 김네몽
펴낸이 김태희
펴낸곳 터치북스

출판등록 2017년 8월 21일(제 2020-000174호)
주소 경기도 고양시 덕양구 통일로 800, 2층(관산동)
전화 031-963-5664 팩스 031-962-5664
이메일 1262531@hanmail.net

ISBN 978-89-967467-8-2

책값은 표지에 있습니다.
잘못 만들어진 책은 구입한 곳에서 바꿔 드립니다.